Christoph Ransmayr rühmt und dankt, fragt und kämpft. Und er erinnert uns in seinen Ansprachen, daß es oftmals gerade das Kindhafte, Gefährdete, Archaische oder traumatisch Verletzte an der Poesie ist, das Unbändige, Wahnsinnige an Prosa und Drama, das uns bewegt, fesselt oder überwältigt. Zu den vornehmsten Möglichkeiten der Literatur zählt er die Förderung der Vorstellungskraft durch das Erzählen vom tatsächlichen Leben des einzelnen, um so gegen Dogma und Klischee, die Voraussetzungen aller Barbarei, zu immunisieren und darin vielleicht sogar eine Ahnung von Glück zu finden.

Gerede ist die zehnte *Spielform des Erzählens*. Christoph Ransmayr führt mit der Variante der Ansprache diese einzigartige Reihe fort, in der er zuvor unter anderem in Tirade, Duett, Verhör, Bildergeschichte und Schauspiel die Spielräume des Erzählens erkundet hat.

Christoph Ransmayr

Gerede

Elf Ansprachen

S. Fischer

Erschienen bei S. FISCHER

Satz: Dörlemann Satz, Lemförde
Druck und Bindung: CPI books GmbH, Leck
Printed in Germany
ISBN 978-3-10-062952-4

Wer nichts erzählen kann, der hat auch nichts zu sagen. 9

Weinte sonst niemand? 11
Floßfahrt 21
Verriegelte Orte, luftige Räume 29
Pontifex 34
Möglicherweise 41
Goldbehaucht 51
Das Taschentuch 59
Der Fremde von Doogort 62
Der Sänger 74
Sarah Rotblatt, Schönheitskönigin 82
Als ich noch unsterblich war 89

Sehr geehrte Damen und Herren 97

Wer nichts erzählen kann, der hat auch nichts zu sagen.

Reden, Ansprachen, die nicht *auch* vom Leben der Menschen berichten, von ihren Hoffnungen, Ängsten, Sehnsüchten und katastrophalen oder verbrecherischen Irrtümern, könnten ebensogut als leere Thesen gedruckt, an Wände und Tore geschlagen und dort in Ruhe vergessen werden. Die Ansprache ist wohl jene Spielform des Erzählens, die der ältesten dieser Formen am nächsten kommt: dem Bericht am Feuer, den ein heimkehrender Jäger oder Sammler denen erstattete, die er bei seinem Aufbruch zurückließ und nun beteiligen wollte an allem, was er ohne sie erlebt oder erlitten hatte. Aber selbst der überzeugendste Redner wird in heiterer Gelassenheit nie vergessen, daß, was er vor seinen Zuhörern noch so leidenschaftlich und beschwörend zur Sprache zu bringen vermochte, gemessen an der ungeheuerlichen Vielfalt, Rätselhaftigkeit, Bedrohlichkeit oder auch Schönheit der Wirklichkeit, am Ende doch nur selten mehr sein konnte als: Gerede.

Picinguaba, im September 2013
CR

Weinte sonst niemand?

Zur Verleihung des Bertolt-Brecht-Preises

Wenn Sie Hilfe brauchen, einen guten Rat, moralische Unterstützung bei der Bewältigung Ihrer persönlichen Vergangenheit oder jener der gesamten Nation und Gesellschaft, aus der Sie kommen … Hilfe vielleicht auch bloß bei der Entscheidung, wer auf der Weltbühne gegenwärtig die Rolle eines mit Krieg, Hinrichtungen und Rachefeldzügen drohenden Schlagetots spielt und wer die des braven Schutzmannes oder die des noch braveren Soldaten … Wenn Sie sich nicht ganz im klaren darüber sind, ob Ihr Land einem Abgrund oder blühenden Gärten entgegendriftet, und deshalb und vorsichtshalber Erkundigungen über allfällige Fluchtwege einziehen wollen … Oder wenn Sie schlicht und einfach, Gott bewahre!, etwas knapp bei Kasse sind und die steinernen Gesichter der Passanten nach dem Mantra Ihrer gemurmelten Bitten um etwas Kleingeld nicht mehr ertragen – dann denken Sie gut nach, bevor Sie einen Dichter um Beistand fragen.

Um Schriftsteller und Dichter hat der Wind im

Verlauf einer nur sehr selten triumphalen Literaturgeschichte ziemlich viel Laub angeweht, Lorbeerlaub, auch den weniger edlen, wildwüchsigen Vorschußlorbeer, einen ziemlich großen Haufen jedenfalls, der in den Stürmen besonders bewegter Zeiten an Säulen und Denkmälern hochschlägt wie eine Brandung aus dürren Blättern: Die Dichter, raschelt es, rauscht es manchmal in dieser Gischt, hätten schon immer, wenn nicht alles, so doch vieles besser gewußt – Gewissenserforscher, Mahner, beharrliche Erinnerer seien sie stets gewesen, ja Seher! unter dem Banner von Wahrheit und Gerechtigkeit ... Du lieber Himmel, wie oft wurden diese armen Überforderten, nennen wir sie nun der Kürze halber einfach *Dichter*, nicht schon mit hochmoralischen geistigen Heroen verwechselt. Als ob die Ahnengalerie der Literaturgeschichte eine Heldengalerie wäre und nicht – was sie ja oft viel eher zu sein scheint – ein Armenhaus und Asyl voll liebes- und geltungssüchtiger Neurotiker.

Unglücklich das Land, antwortet Galileo Galilei seinem empörten Schüler Andrea Sarti in einem der größten, dem *Leben des Galilei* gewidmeten Dramen des Dichters Bertolt Brecht: *Unglücklich das Land, das Helden nötig hat.*

Ach ja, vielleicht gab es tatsächlich einmal Zeiten, in denen Dichter von Festung zu Festung wanderten und unter Schießscharten und Balkonen, erst recht an offenen Feuern, nicht nur Liebeslieder, sondern auch Nachrichten aus der bewohnten Welt sangen, mehr oder weniger ferne Zeiten, in denen auch die Bewohner der Städte kaum lesen konnten und deshalb *Vor*leser, Vorsprecher brauchten, Meldeläufer, die ihnen von der Welt und ihren Möglichkeiten zuerst berichteten und diese Berichte dann auch noch kommentierten, während Lorbeerkranz, Leier oder Elektrogitarre bereits bei den geleerten Flaschen lagen.

Aber sind diese Zeiten – zumindest in unseren Breiten – nicht unwiderruflich vorbei? Haben wir nicht genug gesehen? *Sehen* und *hören* wir noch immer nicht genug von der Welt? Oder ist es bloß bequem, eine Haltung, die grundsätzlich nicht delegierbar ist, nämlich die eines einigermaßen aufgeklärten, friedlichen, humanen Individuums, abzugeben an Sänger und Dichter, um für sich selber nur einen Plüschsitz zu beanspruchen in einer Loge des großen Lehrstücks von der Moral. Nein, auch wenn die Zahl der Lesefähigen und Schreibkundigen trotz grotesker, gesetzlich erzwungener und wohlüberwachter Reformen der Rechtschreibung nicht zu-, sondern abnehmen sollte:

Wer bloß zuhören, zuschauen, ja!, hinschauen! muß – bloß auf die Bildschirme von Hunderten von Satellitensendern, auf die Schlagzeilen eines äquatorlangen Spruchbandes aus Titelseiten oder auf die Flüssigkristallfenster des sogenannten *Internet* –, der berufe sich nicht auf das Bedürfnis nach Meldeläufern. Denn selbst wenn sich in sämtlichen Fenstern und Bildschirmen nur Fragmente der Welt spiegeln – warum sollten in diesem irrlichternden Geflacker ausgerechnet die Dichter klarer sehen als, sagen wir: Maler, Musiker und allgegenwärtige Filmschauspieler?, klarer als Abteilungsleiter, lesende Handwerker oder die Mitglieder eines Senats? Und warum sollten die Dichter, wenn sie denn klärende Kommentare zum Lauf der Welt und Zeit schreiben, Pamphlete, Programme, Verhaltensempfehlungen, weniger oft irren als der Nächstbeste? Und warum schließlich sollten diese Dichter, erst einmal zum Gewissen ganzer Nationen erhoben und zu Beratern von Königen und Präsidenten oder selber zu Präsidenten gemacht, mit Orden behängt und kostümiert mit Schärpen und Fracks, weniger lächerlich erscheinen als staatlich bezahlte, überreich dekorierte Würdenträger?

Damit hier kein Mißverständnis aufkommt: Ich rede vom missionarischen, unter Umständen parlamentarischen und im Ausnahmefall prophetischen Auftritt des Dichters, von seinem Erscheinen auf Kanzeln oder Barrikaden, rede von Flugblättern, Transparenten und Mahnschreiben, nicht von Gedichten, nicht von Dramen, Romanen – Spielformen der Kunst, in denen die Welt ebenfalls zur Sprache kommt, in denen die Moral aber, wenn überhaupt, dann als Draufgabe, als das Beiläufige, ja Selbstverständliche eine Rolle spielt, nicht als mühsam zurechtgeschliffener Kern.

Ja, natürlich sei dem Dichter all das auch gestattet, jeder Auftritt, jedes Flugblatt, jedes Schlagwort, alles, alles, überall. Aber wer darf verlangen, daß Mut, Kühnheit, Heldentum, politische, ja historische Weitsicht berufliche Voraussetzungen sein müßten? Die pensionsberechtigten, mit Bausparverträgen ausgestatteten Verfasser von Leitartikeln und Kolumnen, die immer wieder und durchaus überzeugend Mut von der Stange beweisen?

Ist es oft nicht gerade das Kindhafte, das Gefährdete, Archaische oder traumatisch Verletzte an der Poesie, das Unbeherrschte, Unbändige, Wahnsinnige an Prosa und Drama, das uns bewegt, fesselt oder überwältigt? Wer sich aus Leidenschaft, aus Berufung vielleicht, der Sprache verschrieben hat, kann seine politischen Irrtümer bloß weniger gut kaschieren, wenn auch vielleicht besser formulieren als, sagen wir: ein Musiker, Maler oder eine weithin bekannte Televisionserscheinung – besser gefeit vor Irrtümern ist er nicht. Stellen wir uns etwa einen Heros wie Richard Wagner vor, der die gesamte Vehemenz seiner künstlerischen Kraft in den Dienst der Literatur gestellt und ausschließlich Romane, Balladen, Dramen geschrieben hätte, gelegentlich vielleicht auch einen opernhaften, auf vier- bis fünfhundert Seiten angelegten Essay über Menschentypen, Rassen und genetisch bedingte Intelligenz – Bayreuth wäre heute wohl kein Wallfahrtsort, sondern eher ein umzäuntes, weil weithin kontaminiertes Gelände.

Wenn der Lauf der Geschichte tatsächlich ein *Fortschritt im Bewußtsein der Freiheit* sein soll – selbst ein über die Welt und ihre Kulturen so mangelhaft informierter Philosoph wie Georg Friedrich Hegel hat das ja behauptet –, dann kann zur Erhellung *und* zur Verfinsterung dieses Bewußtseins ein poetisches Werk, ja eine bloße Erzählung ein mindestens ebenso geeignetes Mittel sein wie Predigt, Mission oder einer dieser flammenden Aufrufe, die so oft überschlagen in das Gehämmere auf der Klaviatur ideologischer Phrasen.

Wenn von Rednerpulten, von Plakaten und Transparenten herab beispielsweise die Barbarei von Rassismus, autoritärer Herrschaft oder kolonialistischem Übermenschentum beklagt wird, dann kann die aufklärerische Wirkung eines Erzählers oder Dichters durchaus darin bestehen, diese Barbarei, ihre Schrekken wie ihre Dummheit, in ihren konkreten, individuellen Formen zu beschreiben – keine programmatische, sondern eine genaue, lakonische Darstellung. Denn wer sich die von autoritärer Barbarei verursachten inneren und äußeren Verwüstungen einmal vorzustellen versucht hat, bloß *vorzustellen*!, etwa als Leser oder Zuschauer der Tragödie einer *Mutter Courage* und ihrer Kinder, der wird vielleicht eine Spur weniger anfällig sein gegen die Versuchung, irgendeinem Gegröle, ob in Bierzelten, Kristallnächten oder Parteilokalen, zu applaudieren.

Die Poesie erfordert Vorstellungskraft, Mitgefühl, fordert das auch von ihren Lesern und Zuhörern – und Roheit, politische oder religiöse Dummheit, Dogmatismus sind zum Teil ja auch ein ungeheurer Mangel an Vorstellungskraft, ein Mangel nämlich an der Vorstellung vom tatsächlichen Leben, vom Glück und vom Leiden des einzelnen. Ein Dichter kann dazu beitragen, diesen Mangel zu lindern, kann so seinem Publikum zur Immunität verhelfen gegen das Gegröle oder kann es vielleicht sogar anstiften, über die Dummheit der Barbarei zu lachen. Barbaren sind ja nicht nur fürchterlich, sondern immer auch lächerlich. Und sie toben nicht bloß in Folterkammern oder auf Schlachtfeldern, sondern vor allem in den Zwischenräumen der Gewalt, an Bildschirmen, in Ämtern, Redaktionen und Büros, in denen sie den tatsächlichen oder vermeintlichen herrschaftlichen oder Willen des *Volkes* auslegen, festschreiben und in Schlagzeilen, Verordnungen und Paragraphen und alle legalen Voraussetzungen für das Massaker verwandeln …

Worte des Dichters Bertolt Brecht lassen sich unter bestimmten Umständen, in einem Demonstrationszug oder in einer Protestversammlung, recht wirkungsvoll auf Transparente oder Plakate pinseln, ja sogar über Parteiprogramme oder über eine dieser …, dieser Reden von Zukunft und Sicherheit und Verantwortung und vom Kreuz am nächsten Wahltag. Weitaus gründlicher und weitaus nachhaltiger wirken die Worte dieses Dichters aber bei der Behebung des Mangels an Vorstellungskraft. Denn schon von Brechts *Fragen eines lesenden Arbeiters* wie etwa:

Cäsar schlug die Gallier.
Hatte er nicht wenigstens einen Koch bei sich?
Philipp von Spanien weinte, als seine Flotte
Untergegangen war. Weinte sonst niemand?

… schon von solchen Fragen und keineswegs von den Antworten ist es nicht weit zur Vorstellung, wie etwa ein *pilum*, der römische Wurfspeer, in den Brustkorb eines gallischen Feindes eindrang und sich dort verbog, weil nach dem Kalkül der Waffenschmiede und Strategen nur seine Spitze gehärtet worden war, damit der

Speer nicht bloß zum tödlichen Widerhaken, sondern auch unbrauchbar wurde für einen Gegenangriff. Und unmittelbar hinter der Frage nach den Tränen des Königs Philipp von Spanien flimmert das Bild einer unübersehbaren, über Dörfer, Städte und Küstenstriche der iberischen Halbinsel versprengten Trauergesellschaft, die der Untergang von mehr als fünfzehntausend Seeleuten und Soldaten hinterließ, als von den einhundertdreißig zur Eroberung Englands befohlenen Schiffen der spanischen Armada nach Feuerstürmen und Orkanen kaum sechzig in ihre Heimathäfen zurückkehrten.

Vermutlich sah auch ein so wunderbarer, Denken *und* Herz erschütternder Dichter wie Bertolt Brecht nicht besonders heroisch aus, als er im Moskau des Jahres 1955 einen nach Stalin benannten *Friedenspreis* entgegennahm. Aber selbst von Bastionen der Macht, hießen sie nun Moskau, Mahagonny oder Metropolis, wußte der Dichter schon früh:

Von diesen Städten wird bleiben: der durch sie hindurchging, der Wind.

Gewiß, Brecht hat uns nicht bloß daran erinnert, daß, was ist, nicht bleiben kann, sondern er hat uns auch Empfehlungen und Hinweise mit auf den Weg ins Verschwinden gegeben, Ratschläge, das Verhalten in ungerechten, barbarischen Gesellschaften betreffend, bis hin zu Fragen wie etwa, was denn *ein Dietrich gegen eine Aktie* und was *ein Einbruch in eine Bank gegen die*

Gründung einer Bank seien ... Ja, natürlich, auch dieser Dichter hat Pamphlete geschrieben, Manifeste, und er hat Partei ergriffen und Beistand geleistet und sich an die Seite derer gestellt, die nicht nur keine Arbeit und kein Glück, sondern auch kein Gehör fanden, und das war gut, ja, es war oft sehr gut sogar, aber ...

Aber auch dieser Dichter war in seinen politischen Ratschlägen wohl nicht hellsichtiger als andere Wohlmeinende seiner Zeit, war vielleicht nicht klüger und irrte wohl auch nicht öfter als der nächstbeste einsichtige Mann. Eines aber hatte er seinen um das Wohl der Menschen besorgten Zeitgenossen ganz gewiß voraus: eine unvergleichliche Poesie, mit der er selbst strategischen Gedanken einen gemäßen Platz zuweisen konnte, wenn er Dialoge, Gedichte schrieb, die an Friedfertigkeit und Tiefe den Versen jenes mythenverzauberten Weisen Lao-tse nicht nachstanden, dessen Porträt, ein Rollbild, in vielen Wohnungen Brechts der einzige Wandschmuck gewesen sein soll. Nein, dieser Dichter hat nicht allein *Furcht und Elend des Dritten Reiches*, das *Dickicht der Städte* oder *Mutter Courage und ihre Kinder* zu seinem Thema und Anliegen gemacht, sondern auch die *Verführung von Engeln* und selbst das *Sprengen des Gartens:*

Vergiß nicht das Strauchwerk, auch
Das beerenlose nicht, das ermattete
Geizige! Und übersieh mir nicht
Zwischen den Blumen das Unkraut, das auch
Durst hat.

Kennen Sie ein Gedicht?, wenn ja, bitte ich um Nachricht, kennen Sie ein Gedicht, das eine tiefere Einsicht in den Zorn der Empörten enthält – wie gerecht und überfällig dieser Zorn auch immer gewesen sein mag – als jener vielzitierte und doch niemals verschlissene, allein den Menschen und ihrem gefährdeten Glück verpflichtete Appell des Dichters Bertolt Brecht, mit dem er sein Werk, ich weiß hier kein anderes Wort, vollendete:

Auch der Haß gegen die Niedrigkeit
Verzerrt die Züge.
Auch der Zorn über das Unrecht
Macht die Stimme heiser. Ach, wir
Die wir den Boden bereiten wollten für Freundlichkeit
Konnten selber nicht freundlich sein.

Ihr aber, wenn es so weit sein wird
Daß der Mensch dem Menschen ein Helfer ist
Gedenkt unsrer
Mit Nachsicht.

Floßfahrt

Zur Eröffnung einer Schau von Weltkarten in der Österreichischen Nationalbibliothek

Es waren fünf, meiner Erinnerung nach oft wolkenverhangene und schneereiche Monate in den frühen achtziger Jahren des vergangenen Jahrhunderts, in denen mein Weg ins Packeis der Hocharktis aus einer kalten, auf 48° 12' 38" nördlicher Breite und 16° 22' 17" östlicher Länge gelegenen Wohnung in den Wiener Tuchlauben in südwestlicher Richtung über den Kohlmarkt auf den Michaelerplatz führte, dann, in einer Wendung nach Südosten, vorbei an den Stallungen der Spanischen Hofreitschule zum Augustinertrakt der Hofburg und an das sechzehn Bogensekunden südlich meines Ausgangspunktes gelegene, zum Josefsplatz hin offene Mittelportal der Österreichischen Nationalbibliothek.

Dieses Portal und den dahinterliegenden Windfang passierte ich stets in einer Brise warmer Zugluft, ließ unter einem heiteren Stuckhimmel den Prunksaal der Bibliothek auf einer marmornen Anhöhe im Nordosten zurück, durchschritt ein Foyer in westlicher Richtung und stieg eine schmale Wendeltreppe empor, in deren Schneckenwände eingelassen sich das damals nur auf besondere Anfrage geöffnete Pförtchen zur größten Globensammlung der Welt befand: ein Planetenschwarm aus Erdkugeln in allen Größen.

Aber ich mußte weiter, höher hinauf, bis zu einem auf knapp zweihundert Meter über dem Meeresspiegel versteckten Durchlaß, kaum größer als eine Tapetentür. Dahinter öffnete sich endlich die Kartensammlung der Nationalbibliothek, lagen die Küstenstriche Sibiriens, die Barentsinseln und Nowaja Semlja, schimmerten die Gletscher des Franz-Joseph-Archipels, das Packeis des Nördlichen Polarmeeres.

Schon lange vor meinem Aufbruch in den hohen Norden und während so vieler Wintermonate vergangener Studienjahre hatten mich ausgedehnte Reisen immer wieder durch die Zimmer- und Saalfluchten geheizter Paläste geführt – an die von sanftem Lampenlicht beschienenen Lesetische im Südflügel der Universität, in den an ein klösterliches Refektorium erinnernden Augustinerlesesaal der Nationalbibliothek oder in die Steppen, Urwälder, Wüsten und Eisfelder der Kartensammlung. Denn auch wenn meine Unterkunft in den Tuchlauben einen dramatischen Fortschritt gegenüber den Quartieren meiner frühen Studiensemester darstellte – einer vom Schwarzschimmel befallenen Kellerwohnung etwa oder dem unmöblierten Kaminzimmer mit seinen klappernden Sternparkettböden eines Abbruchhauses in Wien-Mariahilf –, so erzeugten die Kachelöfen in den Tuchlauben doch nur nach großem Aufwand jene mediterrane Temperatur, die sowohl das Nachdenken als auch die für Gedanken- und Traumreisen unerläßliche Vorstellungskraft beflügelt.

Von den ausladenden Tischen der wohltemperierten Kartensammlung bot sich ein weiter Blick über den kaiserlichen Burggarten und leere Baumkronen, aus deren schwarzen Zweigen Nebelkrähen rätselhafte Botschaften in die Winterluft krächzten. Ihre Schreie schienen trotz der imperialen Umgebung und des fernen, durch große Doppelfenster gedämpften Verkehrsrauschens der Ringstraße aus einer ungeheuren, polaren Verlassenheit zu kommen.

Mein Eichentisch im Lesesaal der Kartensammlung wurde mir jedenfalls über fünf Wintermonate zu einer Art Floß, auf dem ich mit dem Packeis weiter und weiter nach Norden driftete. Das Floß trug mit dem Schnee vergangener Jahrhunderte historische, hydrogeographische und nautische Materialien und Karten zu Schiffahrtsrouten, Ausrüstungslisten verschollener Expeditionen und Chroniken zahlloser Untergänge und gescheiterter Versuche, einen Seeweg entlang der sibirischen Eismeerküste vom Atlantischen in den Pazifischen Ozean zu entdecken – die von Abenteurern und Kauffahrern vieler Generationen als *Weißer Weg nach Indien* erträumte *Nordostpassage*.

Ich saß damals nach einem jahrelangen, zugunsten des bloßen Erzählens aufgegebenen Versuch, eine philosophische Dissertation zu einem guten Ende zu bringen, auf meinem Floß an einem Roman: über eine Polarfahrt des neunzehnten Jahrhunderts, der Geschichte einer österreichisch-ungarischen, als *Payer-Weyprecht-Expedition* zuerst gefeierten, dann vergessenen Unternehmung, die zur letzten Landentdeckung der Alten Welt geführt hatte.

Die Mitglieder dieser Expedition waren als Gefangene der Packeisdrift an Bord eines dreimastigen Barkschoners mehr als ein Jahr durch alle Schrecken des Eises und der Finsternis getrieben, waren an einem Augustmorgen des Jahres 1873 an den Küsten eines bis dahin unbekannten Archipels gestrandet und hatten das neue, unter Gletschern begrabene Land zu Ehren eines fernen Herrschers, in dessen Palastbibliothek ich mehr als hundert Jahre später über den Dokumenten ihres Schiffbruchs sitzen sollte, *Franz-Joseph-Land* getauft. Damit war der letzte weiße Fleck von jenen Weltkarten getilgt, mit denen noch viele Globen der Sammlung im Stockwerk unter meinem Floß beklebt waren.

Vielleicht war diese Tilgung aber auch einer der größten Verluste in der Geschichte der Vermessung der Welt, hatten solche Flecken mit ihrem undurchdringlichen, konturlosen Weiß doch zur kostbarsten und dabei gefährlichsten und trügerischsten Beute gehört, die sich je im Netz der Längen- und Breitengrade verfing: *Terra incognita*. Unbekanntes Land in einem unerforschten Meer.

Kein Land als das unbekannte hat mehr Flotten, Expeditionen und Karawanen in Bewegung zu setzen vermocht, kein Land besser gerüstete Prozessionen von Landvermessern und Armeen von Eroberern, die, von einer leidenschaftlichen Neugier, Machtgier oder Goldgier weiter und weiter getrieben, bereit waren, bis ans Ende der Welt zu gehen. Und kein Land hat mehr Opfer gefordert – zahllose Tote unter den Entdeckern aller Zeiten und noch mehr, viel mehr Tote, ja die Vernichtung ganzer Völker, unter den *Entdeckten*, den Bewohnern jener Länder, die allein dem gnadenlosen Blick ihrer Eroberer neu waren.

Das Schneeweiß eines *Neuen Landes* war der Untergrund, auf dem farbenprächtig alles erscheinen sollte, was der eigenen Welt fehlte: hängende Gärten, Inseln der Glückseligkeit, durchweht von Gewürzdüften und bewohnt von engelgleichen Wilden oder nie gesehenen Ungeheuern – vor allem aber durchzogen von unerschöpflichen Gold- und Erzadern, aus denen Metalle für jene Waffen zu gewinnen waren, mit denen jeder massakriert wurde, der nicht rechtzeitig vor christlichen Seelenrettern und Landtäufern floh.

Aber so gewunden und schließlich ins Endlose verlaufend die Küstenlinien tatsächlich vermessener Länder auch wurden und mit welcher fliegenden Geschwindigkeit Schraffuren, Höhenlinien und Tiefenlotungen ehemals weiße Flecken zu verdunkeln begannen – irgendwann mußte jeder Entdecker eingestehen, daß auch das neue Land kein Paradies war.

Die Eispanzer des Franz-Joseph-Landes waren jedenfalls menschenleer, und die schmalen, nur für wenige Polarsommerwochen von silbrigem Moos und den Blüten arktischen Mohns gezierten Küstenstreifen spiegelten sich allein in den Augen von Robben, Eisbären, Sturmtauchern, Walrossen und Alken.

Julius Payer, der *Kommandant zu Lande* jener Entdekkungsfahrt, der ich auf meiner Floßdrift folgte, hatte noch unterwegs zum Bremerhavener Liegeplatz des Expeditionsschiffs *Admiral Tegetthoff* über den bevorstehenden Aufbruch ins Licht einer monatelang über dem Horizont kreisenden Sonne und weiter und weiter, bis in die Finsternis zweier Polarnächte, von einem jenseits der Packeisbarriere liegenden Garten Eden geträumt:

Seine Thäler, schrieb Payer über seine Abteilgespräche mit der in Dalmatien, Böhmen und Tirol rekrutierten Mannschaft während der Bahnfahrt nach Bremerhaven, *seine Thäler dachten wir uns damals mit Weiden geschmückt und von Renthieren belebt, welche im ungestörten Genuß ihrer Freistätte weilen, fern von allen Feinden.*

Ich habe den Franz-Joseph-Archipel erst viele Jahre nach meiner Floßfahrt durch die Bestände der Kartensammlung und des Österreichischen Marinearchivs als Passagier von russischen Eisbrechern auf zwei Polarreisen besucht, habe einige Inseln des nach wie vor unter Gletschern begrabenen, nach wie vor menschenleeren Landes mit einem Freund durchwandert und habe auf einer von Julius Payer nach dem unglücklichen Kronprinzen des Hauses Habsburg *Rudolf* getauften Insel in einem Schneesturm an die Wärme und Geborgenheit an den Lesetischen der Kartensammlung gedacht.

Selbst hier, am nördlichsten Kap des Archipels und jenseits eines für einen Hundeschlittenreisenden wie ihn unpassierbaren Stroms offenen Wassers, hatte Payer bei einer Temperatur von minus einundfünfzig Grad Celsius noch ein dunkles, rissiges Band im Norden gesehen: das mußten weitere unentdeckte Höhenzüge sein, Gebirge. Und so warf er mit immer neuen Namen – nach Wolkenbänken: *Cap Wien*, *Petermann Land*, *Donauinsel* und so fort. Ich habe durch die Bullaugen des Nukleareisbrechers *Yamal* ähnlich dichte, polare Dunstbänke über dem Horizont im Fernglas betrachtet und war so überzeugt, eine gebirgige Küste vor mir zu haben, daß ich darüber eine Wette gegen einen Maschinisten aus Murmansk verlor.

Ich war auf den Schroffen der Rudolfsinsel also tatsächlich am nördlichsten Ende der eurasischen Landmasse, von dem der Eisbrecher *Yamal*, dessen Name *Das Ende der Welt* bedeutet, dann eine donnernde Spur bis an den Nordpol zog. Auf meiner Floßfahrt dagegen, im Geflüster von Lesenachbarn, die an ihren Tischen in durch Kriege oder Pogrome außer Kraft gesetzten Urkunden und längst überholten Regionalkarten nach einer verlorenen Heimat, Wasserrechten oder vergessenen Ortsnamen suchten, war ich noch weiter, viel weiter gedriftet, über geographische Grenzen hinaus bis an das wahre Ende der Welt. Denn auf meinem Floß folgte ich den Lebensläufen meiner Entdecker bis zu deren Tod.

1915, in jenem Weltkriegsjahr, in dem Julius Payer starb, trugen die Felder Galiziens und die Wiesen Flanderns schon die Buckel der Massengräber, an den Masurischen Seen Preußens, in Elsaß-Lothringen, in der Champagne, in Serbien, im Kaukasus oder am Isonzo – überall lagen Erschlagene, als man den *Kommandanten zu Lande* in Wien an sein Ehrengrab trug.

Wie still, wie sanft und lichtdurchflutet mußte in diesem Sommer 1915 die Abgeschiedenheit des Franz-Joseph-Landes wohl gewesen sein; die Felswände, die Küsten und Gebirge ohne Kriegslärm, die Gletscherabbrüche wie aus Jade oder Lapislazuli und die dunklen Kaps gefiedert von Möwenschwärmen und Alken.

Vielleicht, so hatte ich hoch über den schwarzen Bäumen des Burggartens das Journal meiner Driftfahrt geschlossen, vielleicht hat Julius Payer in den letzten Tagen seines Lebens, gelähmt von einem Schlaganfall, unfähig, auch nur den Namen irgendeines neuen oder uralten Landes auszusprechen, und umtost von einer weltumfassenden, tödlichen Liebe zum Vaterland, erkannt, daß, was er im menschenleeren Frieden der Hocharktis kartographiert hatte, doch – ein Paradies war.

Verriegelte Orte, luftige Räume

Zur Kunst der Übersetzer

Wenn er sich allein oder zumindest unbeobachtet glaubte, führte mein Vater manchmal lange Selbstgespräche in einer rätselhaften, mir Wort für Wort unverständlichen Sprache. Es war wohl ein oder zwei Jahre, bevor ich lesen und schreiben lernte, als ich diese geheimen Monologe aus einem niemals entdeckten Versteck zu belauschen begann. Erst Jahre später, die erste Schulzeit lag bereits hinter mir, brachte ich allmählich in Erfahrung, daß der gutturale Singsang dieser Reden, der so ganz anders klang als jener oberösterreichische Dialekt, in dem ich gelobt, getröstet oder getadelt wurde, der Klang der russischen Sprache war. Mein Vater sprach Russisch, wenn er allein mit sich selber war: ob aus einer ungebrochenen Liebe zu einem Land und seiner Literatur, die einer seiner Gymnasiallehrer schon früh und ganz gegen den damals wütenden Zeitgeist in ihm geweckt hatte – oder immer noch gebannt von der Erinnerung an die Jahre seiner Kriegsgefangenschaft in einem Lager bei Sevastopol auf der Halbinsel Krim, wird mir für immer ein Rätsel bleiben. Denn seit er auf der Wartebank einer sommerlichen Bushaltestelle starb, ist es für Fragen an ihn zu spät.

Wenn ich mich an die Zeiten meiner Lauschangriffe auf seine Selbstgespräche erinnere, sehe ich mich wieder hinter einem Wäschekorb kauern, mit angehaltenem Atem, voll schlechten Gewissens über meine Neugier und doch wieder und wieder bezwungen von der Sucht nach der Magie einer Sprache, die ich damals für das wahre, bloß Kindern unverständliche Idiom der Erwachsenen hielt. Diese Sprache, glaubte ich, würde im Lauf der Zeit jedem Menschen mit der gleichen Selbstverständlichkeit zuwachsen wie Körpergröße, graues Haar, Bart, Kahlköpfigkeit und alle anderen Zeichen der Reife. Ich mußte nur Geduld haben, mußte nur warten. Irgendwann würde auch ich diesen Klang verstehen. Was ich in meinem Versteck belauschte, gehörte zum Vokabular der Zukunft.

Der bevorzugte Ort, an dem mein Vater seine geheime Stimme erhob, war das *Englische Klosett* eines schönbrunnergelb gestrichenen Lehrerheimes, das einst zum siebzigjährigen Regierungsjubiläum seiner Apostolischen Majestät Franz Joseph I. errichtet worden war und das den Volksschullehrern meines Heimatdorfes als Wohnhaus diente. Über den geschotterten Hof dieses Heimes ging ich während meiner ersten Schuljahre täglich und oft an der Hand meines Vaters in das gegenüberliegende Schulhaus, mußte dabei aber jedesmal an einer unsichtbaren Grenze in der Mitte des Hofes alle vertrauten Anreden ablegen und dann meinen

Vater bis zur Heimkehr mit *Sie* und *Herr Oberlehrer* und stets in der respektvollen Haltung eines Schülers ansprechen.

Aber wenn dieser Herr sich zurückverwandelte – von einem Achtung, Gehorsam und Aufmerksamkeit gebietenden Lehrer wieder in einen gutmütigen Mann, der mich auf einem Schlitten über verschneite Wiesen zog, mir Geschichten erzählte oder im ruhigen Wasser unterhalb der Stromschnellen eines nahen Flusses das Schwimmen beibrachte –, verwandelte er sich immer auch zurück in einen Menschen, der seinen Nöten ebenso wie ich gehorchen und sich gelegentlich in das Englische Klosett zurückziehen mußte. Und so oft sich die Möglichkeit ergab, bezog ich dann Stellung in einer angrenzenden Kammer, die an ihrer Tür zwar auch eine Doppelnull trug, deren brillenlose, staubige Porzellanmuschel aber längst nur noch als Abstellplatz für einen riesigen, aus Weidenruten geflochtenen Wäschekorb diente. Durch eine offene, in die hölzerne Trennwand eingelassene Oberlichte lauschte ich dann Monologen, die von den unaussprechlichen, verbotenen Geräuschen einer mit allen Tabus belegten körperlichen Verrichtung begleitet wurden, einer Tröten- und Wassermusik, die das Böse an meiner Neugier noch dramatischer erscheinen ließ.

Geduld! Ich müßte, blieb ich damals überzeugt, nur abwarten, müßte bloß die Zeit verstreichen lassen, bloß größer und älter werden, bis sich mir nicht nur das Rätsel dieser fremden Sprache, sondern auch alle anderen Möglichkeiten der Freiheit eines Erwachsenen erschließen würden, einer grenzenlosen Freiheit, in der selbst die Verbrechen der Kindheit verjährten.

Ich erinnere mich an meine Enttäuschung, als ich nach vielen Hin- und Rückwegen über den Schulhof endlich über das gesamte Alphabet verfügte und glaubte, mir damit jedes Buch erschließen zu können – und dann doch ratlos vor einer Reihe von Büchern aus dem Regal meines Vaters stand: Ich vermochte trotz meiner neuerworbenen Fähigkeiten nicht einmal die Titel auf den Buchrücken zu entschlüsseln.

Als ich endlich um Hilfe zu bitten wagte, las mein Vater ihre geprägten Hieroglyphen so mühelos wie ich meine Schulbücher, und ich hörte den Klang seiner Geheimsprache zum erstenmal nicht mehr an einem verbotenen Ort – und hörte eingebettet in diesen Klang wohl zum erstenmal auch Namen wie Dostojewski, Puschkin, Gogol, Turgenjew, Gorki: Ich hätte mich durch die Mühen der vergangenen Monate bloß des lateinischen Alphabets bemächtigt, mußte ich erfahren, damit aber noch lange nicht auch der kyrillischen, arabischen, hebräischen, japanischen, chinesischen oder irgendeiner anderen der zahllosen Zeichenkolonnen, in denen die vielen Sprachen der Welt zur Schrift wurden.

Ich kann mich nur undeutlich an meine Erkenntnis dieser babylonischen Tatsache erinnern, sehr viel genauer dagegen an meine damit verbundene, schmerzliche Ernüchterung, daß wohl jedes Verständnis von Sprache oder Schrift untrennbar mit allen Anstrengungen des Lernens verbunden oder auf Hilfe angewiesen blieb und Geschenke wie das der Muttersprache die Ausnahme waren; in der Regel aber mußte alles gehört und nachgeplappert, buchstabiert und wiederholt und wiederholt und wiederholt werden, bis ein Wort endlich einen beständigen Klang, Sinn und eine unverwechselbare Form annahm.

Und heute? Heute weiß ich, daß unser Vermögen, die Sprachen, Erzählungen und Zeichen anderer, in der Ferne aufgehender, in der Nachbarschaft blühender oder auch längst wieder verschwundener Kulturen zu entschlüsseln, selbst einem in seiner Muttersprache gefangenen Menschen zum Geschenk werden kann – dann nämlich, wenn ihm Übersetzer, Interpreten, Lehrer zur Seite stehen, die ihre Dienste nicht als Luxus betrachten, sondern als ebenso notwendiges wie kostbares Instrumentarium zum Verständnis der Welt. Denn ohne die Arbeit dieser Helfer wäre selbst *Weltliteratur* für die allermeisten ihrer Leser oder Zuhörer kein vielstimmiger Chor in luftigen Räumen, sondern bloß das Wort für eine Ansammlung von Selbstgesprächen an besetzten, verriegelten Orten.

Pontifex

Zum Kreuzweg eines Schweins

Das Schwein hieß Pontifex; das heißt: Wir hatten dem kastrierten Eber den päpstlichen Titel verliehen, weil er uns stets an den über eine vatikanische Dombalustrade hinweg entbotenen Segen *Urbi et Orbi* erinnerte, wenn er grunzend aufsprang, kaum daß wir den Saustall betraten: In Erwartung gärender Küchenabfälle kam er uns dann ans Gatter seines Kobens entgegengestürmt, erhob sich dort auf die Hinterhaxen und blinzelte uns hochaufgerichtet an, die linke Klaue auf das Gatter gestützt, die rechte in einer stets gleichbleibenden Pose und wie segnend ausgestreckt, und steigerte sein Gegrunze zu einem hohen, begeisterten Quieken.

Pontifex' Herr und Besitzer, ein Kleinbauer aus dem niederösterreichischen Weinviertel, der die Sonntagsmesse immerhin bis zur Heiligen Kommunion besuchte und das Gotteshaus stets erst nach Einnahme dieser Wegzehrung in Richtung Wirtshaus verließ, protestierte anfangs zwar gegen den lästerlichen Namen, mit dem wir seinen *Saubären* bedachten, beruhigte sich aber, als wir ihn und uns daran erinnerten, daß schließlich auch die Heiligen Väter im Vatikan den Titel eines *Pontifex,* also *Brückenbauers,* bloß von den Oberpriestern des heidnischen Rom gestohlen hatten, Pontifex also bloß ein gottloser Name aus einem von Götzen beherrschten und grausamen Kaisern regierten Sündenpfuhl sei; ein Name wie geschaffen für ein rosiges, bis an sein Schlachtgewicht mit Küchenabfällen vollgestopftes Mastschwein.

Pontifex war das erste – und am Ende auch das letzte – einer Reihe von Haus-, Schoß- und Wildtieren, deren Schicksal der Fotograf Willy Puchner und ich damals fotografierend und schreibend dokumentierten. Wir hatten Pontifex, *unseren* Saubären, als einen von elf Frischlingen am Tag nach seiner Geburt zum erstenmal gesehen, seine Eigenheiten zu erkennen versucht und ihn dann vorsichtshalber doch mit Ledertinte markiert, um ihn auf seinem Weg durch die frühe Kindheit, Jugend und ein kastriertes Erwachsenendasein bis ins Schlachtalter nicht zu verwechseln.

Pontifex' Leben dauerte acht Monate und einundzwanzig Tage, sein Gewicht am Schlachttag betrug sechsundneunzig Kilogramm, und der Preis für Schweinefleisch erreichte in den Wochen nach seinem Tod durch einen Skandal in der Agrarindustrie einen für mitteleuropäische Verhältnisse einmaligen Tiefstand.

Willy Puchner und ich hatten als Fotograf und Chronist damals bereits von vielen Schauplätzen des Lebens und Todes berichtet – von den Halligen und versandeten Prielen der Nordsee und aus maurischen

Festungen, aus geschlossenen psychiatrischen Anstalten und Sterbezimmern, aus den dunklen, überheizten Wohnungen neunzigjähriger Geburtstagskinder, mexikanischen Hinterhöfen und vom Leben jenseits eines *eisernen* Vorhangs, von Lavaströmen auf Hawaii und selbst von den Friedhöfen und Stammtischen bayerischer Dörfer.

Aber was wir uns diesmal vorgenommen hatten, war nicht mehr und nicht weniger, als einer Welt, so weit entfernt und so fremd wie extragalaktisches Leben, Gerechtigkeit widerfahren zu lassen: dem Reich der Tiere. Wir wollten die Lebensläufe von Tieren in Erzählungen und Bilder fassen und dabei das Schicksal etwa eines invaliden Rottweilers, eines Kanarienvogels, asthmatischen Hauskaters oder bloß eines Huhns, das mit zwölftausend Schicksalsgefährten in einer Legebatterie gackerte, mit dem gleichen Ernst abhandeln, wie er ansonsten nur in den Heldengeschichten goldsüchtiger Heerführer und Könige zu finden war, in den Chroniken der Wissenschaft, den Biographien von Künstlern und Heiligen oder anderen Helden des menschlichen Dramas. Zumindest unserem kleinen Publikum wollten wir wenigstens eine Ahnung davon vermitteln, *wen* sie zu Leder verarbeiteten, wen sie dressierten, streichelten, erforschten – oder auffraßen. Und aus einer Sammlung geradliniger oder aus der Wildnis bis in die Polsterlandschaften eines Schoßtiers gewundener Lebensläufe sollte sich am Ende nicht mehr und nicht weniger als das beiläufige Bild des menschlichen Auftritts ergeben, ein fotografisches Negativ.

Allerdings erwies sich das Leben unserer grunzenden, bellenden oder tirilierenden Protagonisten in vielen Fällen nicht weniger kompliziert als dasjenige ihrer Besitzer, Hirten und Schlachter – und so zwang uns die wachsende, zeitfressende Dimension unserer Unternehmung, der dramatische Verlauf selbst des Lebens eines Goldhamsters oder eines in Invalidität und Dreibeinigkeit geschossenen Kampfhundes, schließlich dazu, die Liste der von uns beschriebenen und abgebildeten Opfer und Lieblinge der Menschheit kürzer und kürzer werden zu lassen.

Am Ende besuchten wir nur noch ein einziges, armes Schwein: Pontifex. Unser Saubär war die letzte Kreatur, von der wir uns abwenden sollten, um als entzauberte Tierfreunde wieder an die Schauplätze des menschlichen Auftritts zurückzukehren.

Neun Stationen von Pontifex' Leben hatten wir bereits dokumentiert – vom tragischen Verkauf seiner Geschwister in die Fremde bis zu seiner Kastration durch einen böhmischen Sauschneider, der ihn an einem nebeligen Oktobertag an den Hinterhaxen packte, ihn kopfüber, eingeklemmt zwischen seinen Knien, zappeln ließ, dem vor Entsetzen und Schmerz geradezu brüllenden Frischling mit einem Rasiermesser den Hodensack aufschnitt, den blutigen Inhalt einem wartenden Hofhund (dessen Leben wir zwar kannten, aber nicht aufzeichneten) zum Fraß vorwarf und dann die tropfende Wunde ausgerechnet mit einem Stück Schweinefett desinfizierte, bevor er sein Opfer wieder in den Koben entließ. Auch eine kurze Rede des Bauern, mit der er die Ernennung unseres Pontifex zur *Haussau* verkündete, war Gegenstand unseres Berichts.

Gegen Ende unserer guten erzählerischen Absichten fanden wir uns aber an einem Junimorgen vor der Stalltür unseres Pontifex wieder und unterschieden uns wohl kaum von jenen sogenannten *Zeugen*, Rohlingen, die in den Vereinigten Staaten von Amerika und anderen barbarischen Regionen der Welt Hinrichtungen beiwohnen.

Pontifex stemmte sich mit aller Kraft gegen seine Vorahnungen, als ihn sein Herr mit zwei Gehilfen an einem Zerrstrick aus dem Stall in die mit einer Plastikplane ausgelegte Hofeinfahrt schleifte. Dort erwartete ihn ein Mann in einer bodenlangen weißen Gummischürze und einer Axt in den Händen. Pontifex' gellende Schreie wurden zu einem einzigen, jäh ersterbenden Heulen, als ihm der Schlachter das stumpfe Ende des Beils, kaum daß die Gehilfen ihm das Opfer zugeführt hatten, krachend zwischen die Augen schlug. Aber erst beim zweiten Axthieb knickte Pontifex ein, fiel dann gegen die Gummistiefel seines Herrn, hielt die Augen immer noch offen und sah wohl auch, wie der Schlachter neben ihm auf die Knie sank, sich wie ein Samariter über ihn beugte und ihm ein Messer mit dünner Klinge in den Hals stieß. Dann erhob sich der Schürzenmann ächzend und überließ wie in einem in allen Gesten und Schritten geprobten Schauspiel seine Stelle der Bäuerin, die, auch sie auf Knien, eine große Emailschüssel unter Pontifex' sprudelnde Halswunde hielt und dazu mit einer Stahlfeder in dieser klaffenden

Wunde rührte, um den Blutfluß nicht verklumpen zu lassen.

Als die Quelle versiegte und die Bäuerin mit ihrem Gefäß, in dem nun ein schwarzer, dampfender Spiegel schwappte, die Schlachtszene verließ, begannen der Schlachter und seine Gehilfen mit Pontifex' Verwandlung in Fleisch: schleiften ihn zu einem Holztrog und betteten ihn auf zwei *Ho-Ruck*-Kommandos in den Trog wie in einen Sarg, bestäubten ihn mit *Saupech*, gemahlenem Fichtenharz, übergossen ihn mit kochendheißem Wasser, zogen eine Kette unter den Kadaver, mit der sie ihm dann die Borsten aus der rosigen Haut schmirgelten; was sich an Haaren nach dieser Behandlung noch sträubte, wurde mit *Sauglocken* – metallenen, mit einem Stahlhaken zum Ausreißen der Klauen versehenen Bechern – abrasiert. Dann war es wieder der Schürzenmann allein, der Pontifex' Hinterhaxen durchstach, die Sehnen freilegte und daran Karabiner einklinkte, an denen das Opfer mit dem Kopf nach unten hochgezogen wurde. Dann glitt ein zuvor am *Streicher* geschliffenes Messer durch Pontifex' Bauch, der aufplatzte und die dampfenden Eingeweide, vom Schlachter mit offenen Armen empfangen, entließ. Den entleerten, tropfenden Kadaver hackte einer der Gehilfen vom After bis zu den Augen entzwei, selbst Schädel und Rüssel in zwei gleiche Hälften, und zerteilte die Hälften weiter und weiter. So verlor Pontifex seine Gestalt. Jedes Stück seines Fleisches wurde zur Lagerung in der Tiefkühltruhe benannt und auf der Schlachtbank ausgelegt.

Dann sahen wir die Bäuerin an einem Jaucherinnsal vor dem Misthaufen stehen und mit einem Spatel die Würmer aus Pontifex' Dickdarm streifen – schließlich sollte dieser Darm, von Kot und Parasiten gesäubert, in der Pfanne zwischen Kartoffeln zur knusprigen Haut einer Blutwurst werden. Um die fingerlangen Würmer, die sich blind in der Jauche wanden, begannen eilig heranwackelnde Hühner zu kämpfen, um Wurm für Wurm zu verschlingen oder im Futterneid bei lebendigem Leib in Stücke zu reißen.

Und irgendwann saßen auch wir, kaum zwei Stunden nach der Verabschiedung unseres Schützlings aus dieser Welt zu Tisch gebeten, in der von Fliegen durchsummten Küche des Hofes und zerschnitten auf unseren Tellern die Leber des Opfers zu Bissen. Während wir die Kochkunst der Bäuerin lobten und uns zu einem Glas Schnaps das Fett von den Lippen leckten, erinnerten wir uns plötzlich, daß wir, gebannt von der eigenen Erbarmungslosigkeit und ohne uns darüber zu verständigen, in der Todesstunde keine Aufzeichnungen gemacht hatten, keine Bilder, keine noch so kurze Notiz. Selbst so heitere, über die Wirklichkeit hinwegtröstende Namen wie *Fischlein* oder *Jungfernbraten*, die der wortkarge Schürzenmann für den himbeerroten Muskelstrang bereithielt, den er als *Filet* aus dem Lendenbereich des Kadavers sezierte, bewahrten wir noch Wochen nach Pontifex' Schlachtung allein im Gedächtnis.

Möglicherweise

Zur Verleihung des Ernst-Toller-Preises

Möglicherweise rauschen aus größerer Ferne und noch kaum hörbar Zeiten auf uns oder unseresgleichen zu, in denen die Empörung über empörende Verhältnisse weder von korrupten, von Lobbyisten unterwanderten Parlamenten zu besänftigen sein wird noch mit dem leeren Stroh von Wahlversprechen; Zeiten, in denen die Wut hochschlagen wird an Trümmerbarrikaden und den Stacheldrahtverhauen eines Bürgerkriegs …

Möglicherweise werden dann selbst in verkehrsberuhigten, von Zebrastreifen schraffierten Zonen mit ihren Radwegen und Krötentunnels, ihren hundesicheren Kinderspielplätzen und Parkanlagen mit vielfarbig beschrifteten Naturlehrpfaden Straßenschlachten toben und Lynchmorde verübt werden, die wiederum Massenverhaftungen rechtfertigen, Notstandsgesetze, Folter und Standgerichte – und wie immer in solchen Zeiten, werden wohl auch dann beschwörende Reden zu hören sein, über Fernsehen und Internet verbreitete Reden und Aufrufe von hilfloser Banalität, während aus Banken, Ämtern und Polizeistationen Flammen schlagen und geplünderte Straßenzüge in schwarzem Rauch versinken.

Aber wer weiß, vielleicht kommt ja, was kommt, wieder einmal anders und werden selbst internationale Allianzen wie etwa die Europäische Union – oder das, was nach Jahrzehnten einer von Geschäftsinteressen verstümmelten Realpolitik von solchen utopischen Gebilden noch geblieben sein wird – sang- und klanglos zugrunde gehen an der Gier, der nationalistischen Vernagelung und bloßen Dummheit ihrer Protagonisten. Sehr wahrscheinlich wird aber irgendwann eine Mehrheit von Bürgern weder länger verstehen noch weiter hinnehmen wollen, daß beispielsweise die bloßen Verwalter aller Arbeit, Verwalter fremden Geldes und fremder Vermögen – Finanzjongleure, Spekulanten und in mehreren Branchen gleichzeitig und stets zum eigenen Vorteil beschäftigte Volksvertreter – ohne das geringste persönliche Risiko und ohne jede Haftpflicht das Tausendfache und mehr von jenem Lohn verdienen, den ein Mensch, der tatsächlich etwas herstellt, bearbeitet, erfindet oder als Dienstleistung anbietet, erwarten kann. Auch, daß in großem Bogen an sämtlichen Steuersystemen vorbei erwirtschaftete Gewinne privatisiert, alle durch die Verfahren einer blinden Profitmaximierung entstehenden Verluste aber ausgerechnet unter dem Namen der *Rettung* – Arbeitsplatzrettung, Bankenrettung, Standortrettung – der Allgemeinheit aufgebürdet werden, könnte irgendwann nicht nur auf den Transparenten endloser Demonstrationszüge, sondern auch von den Anklägern vor Standgerichten als das benannt werden, was es ist und immer war: ein Verbrechen.

Und, wer weiß, möglicherweise wird die Empörung noch weitere Kreise ziehen und werden die Bewohner der an Rohstoffen und Elend überreichen Länder jener Welt, die auch nach der letzten Zählung immer noch die *Dritte* heißt, ihre Quellen nicht mehr länger für ein Almosen sprudeln lassen und sich auch nicht mehr für einen armseligen, von internationalen Kartellen hingeklimperten Hungerlohn in Bergwerken und baufälligen Fabriken quälen wollen, die mit katastrophaler Regelmäßigkeit in sich zusammenstürzen und dann über unsere Flachbildschirme rasch verrauchende Bilder von der Not der Lieferanten unseres Reichtums flackern lassen. Ja, vielleicht werden auch diese Betrogenen eines Tages zurückfordern, was ihnen im Interesse unseres Wohlstands, unserer Bequemlichkeit und unserer sozialen Sicherheit genommen wurde – und werden uns den Krieg erklären; möglicherweise. Aber vielleicht haben sie das auch längst schon getan. Vielleicht befinden wir uns ja bereits im Krieg.

Aber vermutlich wird auch dieser Krieg, wann immer er begonnen hat oder beginnen wird, vorläufig und einmal mehr enden wie alle Verteilungskämpfe vor ihm: Für eine Minderheit – und vor der Weltbevölkerung schrumpft schließlich selbst die Einwohnerzahl aller westlichen Industriegesellschaften zusammengenommen zur Minderheit –, für *uns* also, wird das Leben über der gnädigen Erfüllung einiger billiger, über eine Handvoll Spenden zu finanzierender Forderungen (notfalls auch erst nach einigen militärischen Präventivschlägen) – immer noch leichter, um eine weitere Spur leichter werden, während für den großen Rest der Menschheit, nach viel Blut und Tränen, alles wieder werden wird, wie es war:

Die Reichen bleiben reich und werden reicher, während die Geschlagenen, die Armen und Ärmsten einmal mehr nichts zu gewinnen haben werden als die Freiheit, von neuem von der Zukunft, von einer gerechteren Verteilung der vielen Schätze dieser Welt zu reden, zu träumen. Denn was immer uns oder unseresgleichen an Krisen, Kämpfen und Bürgerkriegen noch bevorstehen mag – es wird immer auch die Vergangenheit gewesen sein. Lernfähigkeit, Anteilnahme am Leben des Nächsten, vielleicht sogar Zuneigung und Mitgefühl – von Liebe soll hier noch gar nicht die Rede sein – sind schließlich im besten Fall kostbare Vorzüge des einzelnen; seine Gesellschaft, sein Staat, sein marschierender, Fahnen schwenkender oder Hymnen grölender *Stamm* dagegen wird zumeist von der beharrlichen Weigerung bestimmt, mehr zu sehen als den eigenen Vorteil, bestimmt von einer oft zur Verfassung erhobenen Mitleidlosigkeit und am Ende der Bereitschaft, um jeden Freßnapf, wie übervoll und groß genug für alle er auch sein mag, zu kämpfen und dafür, ob auf Weizen- oder Ölfeldern, auf Plantagen, in Lufträumen oder im Südpazifik verlorenen Inseln – zu töten.

Der Dramatiker, Dichter und Revolutionär Ernst

Toller hat mehr als die Hälfte seines Lebens in solchen Kampf- und Kriegszeiten, in blutigen und apokalyptischen Jahren verbracht – als Soldat in den Schützengräben und verkohlten Wäldern bei Verdun, als Kommandant und führender Politiker der an ihren eigenen Widersprüchen, dann aber auch militärischer und polizeilicher Gewalt gescheiterten Münchener Räterepublik, als steckbrieflich gesuchter Hochverräter und Staatsfeind, als Festungshäftling und schließlich verfolgter Emigrant, der seinem Leben in einem Hotel am New Yorker Central Park mit dem Gürtel eines Bademantels ein Ende setzte.

Wenn es zu den vornehmsten Wirkungen der Literatur gehört, die Vorstellungskraft ihrer Leser oder Zuhörer zu fördern, die Vorstellung nämlich vom Glück und vom Leiden, Leben und Sterben des einzelnen, und so beizutragen zu einer immerhin möglichen Immunität gegen ideologisch, rassistisch oder religiös begründete Unmenschlichkeit, die ja an der Wirklichkeit immer nur die eigenen Dogmen und Klischees zu erkennen vermag, dann ist es möglicherweise von größerem Nutzen, als sich in analytische Würdigungen zu vertiefen, zu hören, zu lesen, was ein Erzähler von sich selber, von Szenen und Augenblicken seines Lebens und seiner Zeit zu berichten hat.

... wenn mich einer fragte, wohin ich gehöre, schrieb Ernst Toller zu seinem Selbstverständnis, *ich würde antworten: Eine jüdische Mutter hat mich geboren, Deutschland hat mich genährt, Europa mich gebildet, meine Heimat ist die Erde, die Welt mein Vaterland ... Soll ich dem Wahnwitz der*

Verfolger verfallen und statt des deutschen Dünkels den jüdischen annehmen?

Ernst Toller, der seine Zeit nicht bloß verstehen und beschreiben, sondern verändern wollte, war ein souveräner Humanist, der sich im Zweifel selbst gegen seine eigenen revolutionären Kampfgefährten stellte und etwa gefangene *Feinde,* anstatt sie, wie gefordert, hinzurichten, im Glauben freiließ, sie würden sich durch einen radikalen Akt der Menschlichkeit belehren lassen. Auch wenn die Freigelassenen ihn schon Tage später wieder unter Beschuß nahmen, betrachtete er sich nicht als widerlegt: Die Durchsetzung der Humanität bedürfe eben vieler, auch vergeblicher, Versuche.

Ich habe mir vorzustellen versucht, wie Ernst Toller – nach der Zerschlagung der Utopie einer revolutionären Räterepublik in München selber ein von Gefängnis, Folter und Hinrichtung bedrohter Mann – imstande sein konnte, seine Überzeugungen gegen Verzweiflung und Angst zu bewahren, und bin dabei immer auch zu dem Schluß gekommen, daß es dazu jedenfalls mehr, viel mehr als jener Funktionärstapferkeit bedurfte, mit der in unseren Breiten und Zeiten die kühnsten politischen, moralischen oder ästhetischen Forderungen aus einer von Streikrecht, Kündigungsschutz, Lebensversicherungen, Presse- und Meinungsfreiheit und anderen Errungenschaften einer demokratischen Gesellschaft leidlich geschützten Bequemlichkeit erhoben werden. Für Ernst Toller galt, was Kurt Tucholsky bereits im Jahr 1931, über ihn notierte: *Der Mann hat das, was wir heute alle sagen, in … Jahren … gesagt, als das noch Kopf und Kragen kostete …*

Ich habe mir den Revolutionär und Dichter Ernst Toller, einen selbst in Fußfesseln und hinter Gittern frei gebliebenen Mann, in seinen Jahren in den Gefängnissen von Stadelheim, Eichstätt und Niederschönenfeld vorzustellen versucht, in Zellen, deren Breite er mit seinem ausgestreckten Arm von Wand zu Wand messen konnte, habe ihn bei seinen Hofgängen entlang einer von Kugeleinschlägen gekerbten Mauer gesehen, an der sechsunddreißig seiner Gesinnungsgenossen hingerichtet worden waren. Ernst Toller hat in seinen Journalen die Knochensplitter, Haarbüschel und wirren Spuren geronnenen Blutes beschrieben, die an dieser Mauer klebten, und sich auch an Befehle erinnert, nach denen die Hinrichtungspelotons ihre Gewehrläufe tief halten mußten, um die Verurteilten nicht mit Salven in Herz und Brust zu töten, sondern sie an Bauchschüssen langsam und qualvoll verbluten zu lassen.

Wie vermag ein Mensch in Fußketten und in einer Zelle mit Blick auf solche Höfe und solche Mauern noch zu schreiben – und schreiben nicht bloß Verzweiflungsbotschaften, sondern Stücke, Revuen, ja selbst Gedichte über Rauchschwalben, die in manchen Zellen brüteten und so für ein paar Flügelschläge und Strophen des Vogelsangs zu Tröstern eines Verzweifelten werden konnten? Toller *hat* ein ganzes Buch über diese Schwalben hinter Gittern geschrieben, die mit einer rätselhaften Beharrlichkeit und wie Verbündete der Häftlinge ihre Nester wieder und wieder neu bauten, wenn Aufseher in Erfüllung unerbittlicher Anstaltsregeln immer wieder zerstörten, was, von den Häftlingen so gut es ging getarnt, an zierlichen Bauwerken an den Zellenwänden entstand.

Auch wenn das Bündnis zwischen Schwalben und Häftlingen am Ende der Zerstörungswut der Wärter unterlag und die gefiederten Tröster für immer verschwanden – Ernst Tollers *Schwalbenbuch*, dessen Manuskript aus der Anstalt geschmuggelt wurde, hob den Kampf gegen die Unerbittlichkeit hoch über seine Zeit hinaus, verwandelte ihn in Sprache, in Poesie, und so, wenn nicht in einen Triumph, so doch in etwas, das Herrschaft, Gefangenschaft und Mauern übersteigen und überdauern konnte.

Über die Frage, wie dieser Dichter werden konnte, was er war, stelle ich ihn mir immer wieder am Ende seiner Jugend vor, ein Kriegsfreiwilliger, der sich in den Schrecken seines ersten Frontjahres dem Pazifismus zuwandte, sehe ihn in den Gräben von Verdun, wo von Kugeln, Bajonetten und Granatsplittern entstellte Leichen in Erdnischen inmitten der noch kämpfenden Lebenden hockten, weil der Geschoßhagel keine Feldgräber zuließ. Auf nächtlichen Wachgängen durch diese Gräben war nicht zu erkennen, ob die schwarzen Gestalten, an denen ein Infanterist vorüberkroch, vielleicht bloß erschöpft schlafend in einer Nische lehnten oder ob bereits Maden an ihnen fraßen.

Auch an diese Toten sollte Ernst Toller sich erinnern, als er Jahre später, im aussichtslosen Kampf darum, daß dieses Grauen sich nicht wiederhole, als Staatsfeind gejagt wurde und Nacht für Nacht eine neue Zuflucht finden mußte. Er verbarg sich mit angehaltenem Atem unter Bettwäsche und Handtüchern in Badewannen, unter Treppen und in Kellerverschlägen und hörte die Schritte der Verfolger heran- und vorübertrampeln. Nach einer dieser Nächte wurde ein Passant einer entfernten Ähnlichkeit wegen mit dem Dichter verwechselt und erschlagen und sein entstellter Leichnam im Triumph zur Schau gestellt. Der Lynchmord verschaffte dem für ein Kopfgeld von zehntausend Mark gesuchten Ernst Toller eine Atempause von einigen Tagen und Nächten, in denen er schlafen konnte – bis die Verwechslung erkannt wurde und das Getrampel der Jäger vor Tollers Versteck endlich zum Stillstand kam und der Gejagte die Tür selbst öffnete, um seine Entdeckung nicht bloß schreckensstarr zu erwarten.

Als es nach fünf endlosen Gefängnisjahren, seiner Entlassung und Ausbürgerung gleichgültig wurde, was ein Mensch, der in den Akten als *Jude* geführt wurde, dachte, sagte oder schrieb, weil sein Leben schon mit seiner bloßen Herkunft, seinem Namen, verwirkt war, versuchte Ernst Toller im amerikanischen Exil gegen eine in der Geschichte der Menschheit bis dahin nicht gekannte Barbarei weiterzukämpfen, die dabei war, eine Schreckensherrschaft als *Tausendjähriges Reich* auf Leichengebirgen zu errichten. Das ersehnte und in so vielen seiner Reden und Schriften beschworene Ende dieses Reiches, das in von ihm selbst entfachten Feuerstürmen verglühen sollte, lag für den fünfundvierzigjährigen Toller aber noch in hoffnungsloser, unerreichbarer Ferne, als er im *Mayflower Hotel* am New Yorker Central Park Hand an sich legte.

Mayflower. Der Name seiner letzten Zuflucht, in der nach gescheiterten Abbruchplänen erst in unseren Tagen wieder Touristen absteigen, sollte nicht allein an die betörend duftende, aber hochgiftige *Convallaria majalis*, das Maiglöckchen, erinnern, sondern vor allem an einen englischen Dreimaster, dessen Passagiere zu Beginn des siebzehnten Jahrhunderts in einer blutgetränkten Neuen Welt vergeblich nach ihrem Glück suchten.

Wie die Passagiere der *Mayflower* hatte auch Toller gehofft, aus einem verfinsterten Europa in eine offene, hellere Welt zu entkommen. Und wie so viele der bei *Cape Cod* verhungerten oder an Typhus, Ruhr und blutigen Kämpfen gegen die ihres Landes beraubten Ureinwohner umgekommenen Passagiere des Auswandererschiffes, fand auch Toller im gelobten Land nur, was er um den Preis seines Lebens zu beschreiben, zu gestalten und vergeblich in eine wahrhafte Welt der Menschen zu verwandeln versucht hatte – die Wirklichkeit.

Goldbehaucht

Zur Verleihung des Goldenen Verdienstzeichens der Stadt Wien

Die ersten Wege durch eine fremde Stadt führen oft ins Dickicht, ja in den Urwald: überall Rätsel, bedrohliche Stimmen, Mißverständnisse. Erst im Anstreifen an Zweige, tropfende Blätter und manchmal betörende, manchmal giftige Blüten oder im mühsamen Überklettern umgestürzter, bemooster Stämme wird selbst dem Verlorensten die Unwegsamkeit allmählich vertraut und er beginnt, sich in Mowgli zu verwandeln, in ein Dschungelkind, oder – wenn auch nur für einige Augenblicke – in Tarzan.

Was meine erste Ankunft im Wiener Dschungel anbelangt, die Ankunft eines ziemlich verschreckten Schülers des Stiftsgymnasiums der Benediktiner im oberösterreichischen Lambach, überwältigte mich schon der Anblick des Bahnhofs, an dem ich ausstieg: *West*bahnhof. Wie ungeheuer mußte eine Stadt sein, die nicht bloß über einen, sondern über mehrere Bahnhöfe erreichbar war, in deren Hallen alle Züge endeten und nicht bloß Station machten … und wie ungeheuer eine

Stadt, die solche Kopfbahnhöfe dann auch noch nach den Himmelsrichtungen benannte. Für ein Bauwerk Maßstäbe des Himmels zu verwenden mußte das Privileg einer Weltstadt sein.

Natürlich verstand ich das mitleidige Lächeln des Zugführers jener *Stadtbahn* in keiner Weise, dem ich nach meinem Einstieg *Kalksburg, Wien 23* als mein Ziel nannte und mich damit, kaum angekommen, auch schon wieder auf den Weg an jenen Stadtrand machte, an dem nicht nur meine Unterkunft lag – das Kollegium der Jesuiten in Kalksburg –, sondern auch eine weitaus bekanntere, mit dem Kalksburger Ortsnamen sogar sprichwörtlich gewordene *Trinkerheilstätte.* Saufen war eine heilbare Krankheit? Auch das mußte ein mit dem Jubel aus Bierzelten vertrautes Landkind erst lernen.

Aber zunächst war an einer Brücke, die nach jenem Präsidenten J. F. Kennedy benannt worden war, dessen Ermordung ich bei einer Seelenmesse in der Pfarrkirche meines Heimatdorfes Roitham bei Gmunden am Traunsee beweint hatte, der Umstieg auf eine Straßenbahn mit der Nummer 60 in die korrekte Fahrtrichtung zu bewältigen. Schon nach einigen Stationen in einem Waggon, der gemäß einem Blechschild im Frontfenster *schaffnerlos*, meiner Vermutung nach also irgendwie mit dem Los, dem Schicksal eines Schaffners verbunden war, stieß ich auf das nächste Rätsel: ein Gebäude an der Lainzer Straße, das an seiner Fassade in Lettern, kaum größer als das Geschäftsschild der Raiffeisenkasse in Roitham, mit *Hauptschule der Stadt Wien* beschriftet war. Geradezu sensationell erschien mir, daß die Hauptschule einer so ungeheuren Stadt so unscheinbar und klein sein konnte. Denn daß eine Siedlung, und seien ihre Bewohner noch so zahlreich, über mehr als eine Schule, mehr als eine Feuerwehr, mehr als einen Friedhof verfügen konnte, überstieg meine Erwartungen. Vielleicht, so hätte eine Schlußfolgerung lauten können, an die ich mich allerdings nicht mehr erinnere, vielleicht durfte diese Hauptschule ja deswegen von einer so bescheidenen Größe sein, weil in einer Stadt wie dieser alle, einfach alle, das Gymnasium besuchten: ein gigantisches, unzählige Stockwerke hoch aufragendes Gymnasium, dessen Blitzableiter und Fahnenmasten an den Wolken kratzten.

Natürlich nützte ich schon die ersten Sommerwochen eines gut bezahlten Ferienjobs zuerst in der Tischlerei, dann in der Schlosserei des Kollegiums Kalksburg, um die gröbsten Mißverständnisse und Irrtümer zu klären. Ich wurde im Verlauf dieser Aufklärung aber auch ständig mit neuen Rätseln konfrontiert, so etwa, als ich im Glauben, Material für einen postferialen Aufsatz zu sammeln, eine Expedition ins Innere der Stadt und dort ins Künstlerhauskino unternahm, wo ich mich dann von einem Lichtspiel aus der *Factory* Andy Warhols bescheinen ließ, das so viele nackte, masturbierende und vögelnde Darsteller zeigte, daß ich das Kino am Ende mit rotem Kopf in der Überzeugung verließ, mit diesem Lichtspieltheaterbesuch ein Geheimnis für alle Ewigkeit bewahren zu müssen.

Es bedurfte tatsächlich noch vieler, bis in die Jahre

meines Philosophiestudiums an der Wiener Universität weitergeführter Expeditionen, um mir den Wiener Urwald vertraut, ja lieb zu machen. Natürlich wurde mir schon in diesen Studienjahren, die ich in einer feuchten Souterrainwohnung – blinde Drahtglasfenster auf Straßenniveau, keine Heizung, kein Warmwasser, keine Dusche – verbrachte, immer wieder bestätigt, daß ich in einem *Palastdorf* lebte, wie eine Frankfurter Freundin es nannte: am glanzvollen und dennoch dörflich gemütlichen Schauplatz einer imperialen Oper, deren Vorhang zwar längst gefallen war, deren Kulissen aber immer noch prunkten.

Tatsächlich konnte ich mich aus meiner Kellerwohnung nach Belieben in wohlig beheizte Paläste flüchten, als sei ich ein erbberechtigter Landjunker – an die sanft beleuchteten Arbeitstische der Universitäts- und Nationalbibliothek, in prachtvolle Lesesäle und verschwiegene Karteiräume noch in den verborgensten Winkeln der Hofburg, in die Saalfluchten des Kunsthistorischen und Naturhistorischen Museums oder die panoramagetränkten Galerien des Schlosses Belvedere –, zur Erholung von so viel Kaiserlichkeit aber auch in die mit zerschlissenen Seidentapeten und Stuck geschmückten, zum Abbruch freigegebenen Gründerzeitresidenzen von Wohngemeinschaften, die zur Beflügelung philosophischer Gedanken nicht bloß oberösterreichischen Birnenmost und klare Schnäpse genossen, sondern mit gleichem Eifer auch selbstgezogenes, im gefälschten Sonnenschein nackter Glühbirnen gereiftes Marihuana.

Aus dieser privilegierten Geborgenheit, die ich nur während der Ferienmonate verließ, um mit wechselnden Jobs in Fabriken, auf Baustellen und in Handwerksbetrieben meinen Aufenthalt im Reich der Paläste zu finanzieren, setzte ich städtische Erkundungsgänge fort, die mich stets zugleich aufklärten *und* verstörten, etwa als ich auf die größte Nekropole stieß, die ich je gesehen hatte, und zwischen ihren Mausoleen, Grüften und überwucherten Grabhügeln mehr Fasane auffliegen und Feldhasen aufspringen sah als auf manchen heimatdörflichen Treibjagden – den Wiener Zentralfriedhof.

Schon der erste einer Reihe von Ausflügen in diese Totenstadt führte aber vor allem zur Einsicht, daß hier hinter elf Toren nicht nur in Frieden ruhende Wiener Bürger aller Religionen und Nationen begraben lagen, sondern in von Efeu und Dickicht überwucherten jüdischen Abteilungen auch die Zeugen und Opfer einer der katastrophalsten Selbstverstümmelungen, die eine urbane Gemeinschaft in Europa jemals verübt hat. Bezeichnenderweise hieß übrigens jenes Hotel am innerstädtischen Morzinplatz, in dem das mit neunhundert Schergen größte Gestapoquartier des Dritten Reiches wie ein Tor zur Unterwelt errichtet worden war, *Metropol* – ein Grand Hotel, in dem mehr als fünfzigtausend Opfer – Juden, Sinti und Roma, Sozialdemokraten, Kommunisten, Homosexuelle –, kurz: alle, die in einem arischen Wien nur noch in Gräbern Platz finden sollten, *erfaßt* und dann entweder gnädigerweise aus der Stadt gejagt, im Normalfall aber in Konzentrationslager verschleppt oder noch an Ort und Stelle zu Tode gefoltert worden waren.

Natürlich habe ich immer noch meine Hoffnungen, dennoch kann ich als nachgeborener Wahlwiener nicht sagen, ob aus mir in diesem Hotel Metropol ein kuschender Denunziant, ein Widerstandskämpfer, ein Opfer oder bloß ein *Herr Karl* geworden wäre – ein in jede Barbarei mitlaufender österreichischer Archetyp, den Helmut Qualtinger im Kabarett der Nachkriegszeit so eindringlich vorführte, daß er für seine Kunst zwar ebensowenig mit der Ehrenbürgerschaft belohnt wurde wie Sigmund Freud oder Ludwig Wittgenstein, am Ende aber doch immerhin mit einem Ehrengrab auf dem Zentralfriedhof.

Natürlich kam ich ins Grübeln, als ich vor etwa vier Jahren gefragt wurde, ob ich denn ein Goldenes Ehrenzeichen der Stadt Wien annehmen wollte, würde, möchte. Ich wohnte damals in einem Dorf an der irischen Westküste und antwortete zwar so höflich wie möglich, gebe aber zu: ausweichend und um Aufschub bemüht. Denn Gestalten, wie sie alljährlich zur Ballzeit, von Ehrennadeln angestochen und mit Schärpen und Medaillen behängt, beispielsweise durch die Staatsoper geistern, erschienen mir damals wie heute als ebenso groteske wie rätselhafte Aliens, mit denen mich höchstens eine gewisse Anfälligkeit für Schweißausbrüche verband.

Ich bin mittlerweile nicht bloß überzeugt, daß das mit Ehrungen besiegelte Wechselspiel von städtischer Liebe und Gegenliebe mehr bedeuten kann, als über

Schatten- und Nachtseiten hinwegzusehen, sondern überzeugt auch davon, daß gerade goldbehauchte Bürger sich darüber empören sollten, wenn im Gemeinderat ausgerechnet einer Stadt, die ihren kulturellen und wirtschaftlichen Reichtum vor allem einer östlich geprägten Kulturen-, Nationen- und Sprachenvielfalt verdankt, rechtsradikale Strohköpfe rauchen und Mandatare das Wort nicht nur ergreifen, sondern auch entsprechend mißhandeln, die den Integrationsproblemen Wiens nichts entgegenzusetzen haben als eine ebenso stumpfsinnige wie barbarische Deutschtümelei. Daß auch die parlamentarische Mehrheit dieses Hohen Rates solche Probleme entweder romantisch verklärt oder bloß schweigend übergeht, ist dabei weder Besänftigung noch Trost. Aber auch wesentlich leichter verrauchender Ärger – beispielsweise der über den an Scheußlichkeit kaum noch zu überbietenden Neubaukitsch an einigen der prominentesten Baugründen der Stadt – sollte das Gold einer Ehrung nicht entwerten, sondern polieren.

Ich habe im Verlauf einiger rasch verflogener Jahrzehnte nicht nur Haare, sondern auch Dogmen und durchscheinend gewordene Überzeugungen verloren und erinnere mich an dieser Stelle wieder an die Aufzeichnungen des Landvermessers und Wahlwieners Julius Payer, die ich während der Arbeit an meinem ersten Roman im (alt)österreichischen Marinearchiv fand. Payer war neben Carl Weyprecht einer der beiden Kommandanten jener österreichisch-ungarischen Eismeerexpedition, die im Jahr 1872, nach qualvollen Strapazen in der Hocharktis, mit der Entdeckung eines unter Gletschern begrabenen Archipels den letzten großen weißen Fleck von der Weltkarte tilgte. Aber selbst als triumphal heimkehrender Entdecker dieses *Franz-Joseph-Landes* notierte Payer nach dem brausenden Empfang, auf dem der Expeditionsmannschaft entlang der heutigen Praterstraße und der Ringstraße dreihunderttausend Begeisterte zujubelten – immerhin mehr, als vierundsechzig Jahre später auf dem Heldenplatz vor Adolf Hitler ihre Arme ins Heil streckten –: *Die Straßen waren wie schwarz besäet mit Menschen ... Die alten Mauern der Patricierhäuser schienen lebendig werden zu wollen; aus allen Fenstern rief es Hoch und Hurrah ... und die Balcone bogen sich unter der Last schöner Frauen ... Wir empfanden, daß wir weit über unser Verdienst gewürdigt, das Höchste erreicht hatten, was die Erde zu bieten vermag: die Anerkennung unserer Mitbürger.* Verglichen damit, so ergänzte Payer gegen Ende seines Lebens, erscheine ihm die Entdeckung eines unbekannten Landes nur von geringem Wert.

Ganz im Sinne meines Eismeerfahrers betrachte ich also das Gold meiner Ehrung als die Farbe gegenseitiger Zuneigung und bringe damit sogar einen jener polizeistaatlichen Meldezettel, auf dem ich nach elf Jahren *being resident* an der irischen Westküste meine Wiener Adresse mit einem Kreuzchen neuerlich zum *Hauptwohnsitz* erklärte, zum Glänzen.

Das Taschentuch

Zur Verleihung des Premio Itas

Berge, die großen Eiswände und höchsten Gebirgszüge der Welt, mußten in der Geschichte des Alpinismus wie in der Geschichte der Literatur den vielen Spielformen des Heroismus, Chauvinismus, Nationalismus und anderen Schöpfungen der Dummheit immer wieder als bloße Kulissen dienen. Wie in den Schreckenszeiten eines nach den Dolomiten benannten Abschnitts des Ersten Weltkriegs, in dem selbst Gletscher zu Schlachtfeldern, Gipfel zu Geschütztürmen und Grate zu Frontlinien wurden, war dabei von der *Eroberung* der Gipfel die Rede, von Triumphen, Opfern und *Siegen*, die am Ende doch nur die Tatsache bewiesen, daß die Menschen für ihre Eitelkeit und ihren Ehrgeiz, die ersten in einer größtmöglichen Höhe oder Verlassenheit zu sein, auch bereit waren, zu leiden, zu hungern, zu frieren, ja zu sterben. Nach und nach wurden die höchsten Gipfel der Welt mit Flaggen in unzähligen Nationalfarben bepflanzt, die damit aber bezeichnenderweise an jenen Punkten der Erdkruste flatterten, von denen jeder weitere Schritt nicht mehr in die Höhe, sondern nur noch ins Leere führte oder zurück in die Tiefe, in den Abgrund, den Tod.

Ich erinnere mich an den Skandal, als Reinhold Messner, mein Freund und Gefährte auf vielen gemeinsamen Reisen, im Jahre 1978 von der ersten, ohne künstlichen Sauerstoff bewältigten Ersteigung des Mount Everest in sein Südtiroler Heimatdorf zurückkehrte. Messner antwortete vor Tausenden dort versammelten und zunächst begeisterten Menschen auf eine Lobrede, mit der ihm dafür gedankt worden war, daß er den Gipfel des höchsten Berges der Welt für seine Heimat bezwungen und mit ihren Farben geschmückt habe – nein, er habe, was immer ihm gelungen sei, vor allem für sich selbst getan, seine Fahne trage nicht die Farben seiner oder irgendeiner Heimat, sondern – und damit schloß er seine Rede zur Empörung der festlichen Versammlung: *Mein Taschentuch ist meine Fahne.*

Dem Skandal eines Taschentuches, einer Fahne ohne Hoheitszeichen, ist auch ein Roman wie *Der fliegende Berg* verpflichtet, in dem das Gebirge wieder zu jener nackten, das Drama des einzelnen umschließenden Landschaft wird, vor der das menschliche Dasein so einzigartig und kostbar, so gefährdet und vielleicht sogar liebenswert erscheint wie nur in der Wüste oder weit, weit draußen auf hoher See.

Ohne je zum Höhenbergsteiger, Extremkletterer oder auch nur zu einem Bergliteraten geworden zu sein, habe ich auf meinen Wanderungen in den Alpen, im Himalaya und Transhimalaya den Weg ins Gebirge – aus dem Prunk des organischen Lebens in die Kargheit und Stille der Eisregion, immer auch als einen Weg durch die Zeit erlebt: aus der tiefsten Vergangenheit in die fernste Zukunft. Denn so leer und von allem Leben entblößt, wie in den Gletscherregionen, wie dort *oben*, ist die Welt nicht nur schon einmal gewesen, sondern wird sie nach Ablauf meßbarer Fristen auch wieder werden, eine Welt ohne uns. Das Leben – ein erdgeschichtliches Zwischenspiel.

Und vielleicht …, vielleicht weiß einer, der in die Wüste oder ins Hochgebirge geht oder aus einer menschenleeren Weite zurückkehrt, mehr, ein bißchen mehr von der Kostbarkeit dieses Lebens als ein vom organischen Überfluß benommener Bewohner des Tals.

Der Fremde von Doogort

Zur Verleihung des Heinrich-Böll-Preises

Auf Hare Island, einer von etwa vierzig felsigen Inseln der Roaringwater Bay an der Südwestküste Irlands, führt eine in die Klippen gehauene Treppe von immergrünen Rinder- und Schafweiden zum Atlantik hinab an einen Pier, von dem die Bauern und Hirten über Jahrhunderte ans Festland ruderten. Von den ehemals etwa hundertzwanzig ständigen Bewohnern schiefergedeckter Steinhäuser der Insel sind in unseren Tagen aber nur noch sechs geblieben: Die anderen haben ihre Höfe im Glitzern des neuesten und bereits wieder verfliegenden irischen Reichtums an Anwälte, Wertpapierhändler, Zahnärzte und Geschäftsleute aus Dublin und Cork verkauft oder sind schon in den nun beinah vergessenen Elendsjahren des neunzehnten Jahrhunderts entweder ausgewandert oder verhungert. Aber die neuen und neuesten Herren auf Hare Island sind für die letzten Eingeborenen *foreigners* geblieben, Fremde, nicht anders als irgendein beliebiger oder mißliebiger Besucher vom europäischen Kontinent. Schließlich gilt den meisten Inselbewohnern entlang der Westküste selbst Irland als *mainland*, Festland, und damit als Ausland. Wer also den schmalen Streifen eines oft unruhigen Wassers, der die Insel von der irischen Küste trennt, überquert, der fährt, segelt oder rudert in die Fremde.

Auf Hare Island ist die Krume der Schaf- und Rinderweiden dünn; zu dünn selbst für ein Grab, und deshalb wurden die Toten seit je ans Festland gerudert, um dort auf dem Friedhof von Lower Lisheen begraben zu werden, im Ausland. Und zur Verabschiedung eines Verstorbenen nahm dann an der Steintreppe zum Cunnamore Pier eine Trauergesellschaft Aufstellung, die den offenen Sarg über ein Spalier von Armen, Händen, von Treppenstufe zu Treppenstufe weiterreichte und so ans Meer hinabschaukeln ließ. Nur an diesem Tag, dem einzigen zwischen einem mühseligen Leben und der ewigen Ruhe, so sagt man auf Hare Island, werde ein Mensch von seinen Mitmenschen auf Händen getragen; für jeden Lebenden Grund genug, heißt es, sich auf seinen Todestag zu freuen.

Ich habe in den Jahren, die ich unweit der Roaringwater Bay und nur wenige Meilen von Hare Island entfernt als freundlich aufgenommener Fremder gewohnt habe, nur drei Reisen in den Nordwesten Irlands unternommen: aus West Cork die Küste entlang über die Grafschaften Kerry, Limerick, Clare und Galway bis ins County Mayo und dort auf jene Achill Island, Irlands größte Insel, auf der Heinrich Böll über viele Jahre hinweg immer wieder Wochen und Monate verbracht hat. Auch wenn Achill Island über eine uralte, erst vor kurzem erneuerte *swing bridge*, eine Schwenkbrücke, mit dem Festland verbunden ist, gilt die nur einen Steinwurf entfernte Küste nicht anders als auch auf Hare Island als eine Art Jenseits.

Um Heinrich Bölls Cottage in Doogort, einer Streusiedlung im Schatten des Slievemore Mountain, von dessen moosigen Höhen der *Croagh Patrick*, Irlands heiliger Berg, zu sehen ist, stehen die Rhododendren und Fuchsienhecken in unseren Tagen so hoch, daß sich aus den Fenstern nun kein Blick mehr bietet auf den Atlantik, auf Doogorts *Silver Strand*. Die gegenwärtigen Bewohner – Stipendiaten einer nach Böll benannten Stiftung – arbeiten so in besserem Windschutz und größerer Geborgenheit als je ein Hausherr zuvor.

Wer dieses Haus besichtigen will, sich dann aber vor einem um Ruhe und Ungestörtheit ersuchenden Schild am Einfahrtsgatter wieder abwendet, um etwa zur nächsten Bucht, dem *Golden Strand*, weiterzugehen und dort in einem auf Sand gebauten Pub ein Pint Murphy's oder Beamish zu trinken, wird an der Theke vielleicht auch nach dem deutschen Nobelpreisträger in der Nachbarschaft fragen. Und der Barkeeper wird ihm dann neben ein, zwei oder mehr Gläsern einige in Plastikfolie eingeschweißte Artikel aus verschiedenen Lokalblättern zuschieben, etwa dem *Mayo Echo, Western People* oder dem *Connaught Telegraph*. In diesen spritzwasserfest versiegelten Kolumnen, Interviews und Reiseberichten finden sich beispielsweise auch Sätze wie: *Heinrich Böll gave the impression of a man carrying the entire burden of recent German history on his shoulders.* Ein

Nachbar also, der den Eindruck vermittelte, daß er die ganze Last der jüngeren Geschichte Deutschlands auf seinen Schultern trage.

Böll, der als entsetzter Soldat von den Schlachtfeldern des Zweiten Weltkriegs in sein zerstörtes Köln heimgekehrt war und es sich dann zum Prinzip seines Handelns machte, daß sich, was war, niemals wiederhole, Heinrich Böll, der Fremde in Doogort, durfte auf der irischen Insel seiner Wahl aber nicht nur auf ein Verständnis hoffen, das in seiner Heimat selbst in seinen glanzvollsten Zeiten umstritten war, sondern auf etwas, woran sich etwa Mrs. Philomena lächelnd erinnert:

Mrs. Philomena, eine mütterliche Krämerin, die in ihrem seit mehr als dreißig Jahren am Sträßchen von Doogort nach Keel geparkten, mittlerweile stark verwitterten Wohnwagen einer vom Luxus der Gegenwart ausgeschlossenen Kundschaft das Allernotwendigste anbietet, antwortet an einem stürmischen Septembermorgen ihrem ersten, an Postkarten und frischen Muffins interessierten Kunden: *Heinrich Böll?, oh yes, he was well known here, very well known* und fügt nach einer Atempause hinzu *and loved*. Diesen Fremden habe man hier nicht bloß gekannt, sehr gut gekannt, sondern geliebt. Ihr Mann habe in Bölls Cottage die elektrischen Leitungen verlegt und mit ihm oft über den heiligen Patrick, über Michael Collins, den General der IRA, und über die Gottesmutter gesprochen.

Heinrich Bölls Werk führt neben vielen anderen Tatsachen des Lebens wohl auch vor, daß die Liebe, vor allem die zur Literatur, nicht nur brennend, sondern von geradezu ätherischer Flüchtigkeit sein kann. Zur Neuauflage seines einst gefeierten *Irischen Tagebuchs* im Sommer 2007, dem regenreichsten in Irland seit einhundertfünfzig Jahren, wurden beispielsweise selbst in den überregionalen Zeitungen seines Gastlandes erbitterte Debatten darüber geführt, ob denn die in diesem Journal beschriebene Insel jemals existiert habe und nicht vielmehr die romantische Erfindung eines *Blow in*, eines dahergelaufenen Deutschen, gewesen sei, der nach einer Gegenwelt sowohl zu den inneren und äußeren Trümmerlandschaften als später auch dem Wirtschafts-*Wonderland* seiner Heimat gesucht habe.

Mehr als ein Vierteljahrhundert nach dem Tod des Fremden von Doogort schienen damit auch in seiner irischen Zuflucht Streitfragen angekommen zu sein, die vor allem in seinem eigenen Land an sein Werk gestellt worden waren. Denn dort zitierte man nicht bloß in literarischen Zirkeln und Rezensionen aus seinen Büchern, sondern auch in Polizeiprotokollen, in Wortmeldungen von Kolumnisten, die Böll zumindest auf der Anklagebank, wenn nicht hinter Gittern sehen wollten, oder selbst in den Presseerklärungen eines in jeder Hinsicht übergewichtigen bayerischen Ministerpräsidenten, der diesen »sogenannten« Schriftsteller dem Volkszorn und damit der Lynchjustiz anempfahl.

Das alles wohl auch deshalb, weil der Gefeierte und Angeklagte jene Forderungen leidenschaftlich, manchmal bedingungslos erfüllen wollte, die zu seinen Zeiten von so feierlich vereinsmeiernden Gruppen wie jener nach ihrer bloßen Mitgliederzahl 47 benannten an die

Literatur gestellt wurden: Sie habe nicht nur formensprengend, gesellschaftskritisch, unbequem, ja gefährlich zu sein, sondern gleichzeitig von hoher Verständlichkeit, solidarisch, vielleicht sogar erfüllt von einem unerschrockenen Eifer zur Verbesserung der Welt und so weiter. Und so weiter.

Auch wenn es zur Erstellung solcher oder ähnlicher Forderungskataloge zu keiner Zeit mehr bedurfte als akademischer Kühnheit, ging Böll zum Mißvergnügen selbst der Kollegenschaft oft ärgerlich weit über die edelsten Gebote sprachlicher Eleganz hinaus: schmuggelte als Fluchthelfer in seinem Citroën von realsozialistischen Paradieszuständen überwältigte Menschen über verminte Grenzen, beherbergte Flüchtlinge, lieferte Parolen für Plakate und Flugblätter oder stellte sich hustend an die Spitze von Demonstrationszügen gegen Hochrüstung und die als Terrorbekämpfungsmaßnahme deklarierten Einschränkungen demokratischer Rechte, ja forderte am Ende sogar analytisches Verständnis selbst für mörderische Pastorentöchter und dogmatische Bombenleger und Heckenschützen, die nicht bloß im eigenen Namen, sondern gleich als *Fraktion* einer ganzen *Roten Armee* sprechen und sprengen und feuern wollten. Böll habe sich, hieß es damals, damit wohl auf die Seite des Terrorismus geschlagen und sei entsprechend zu behandeln. Drohbriefpost mit orthographisch mangelhaften Beschreibungen standrechtlicher Todesarten, Hausdurchsuchungen und ein Brandanschlag verhalfen dieser von pflichtbewußten Staatsschützern geförderten Einschätzung zu entschiedenem Nachdruck.

Ein Schriftsteller wie Heinrich Böll mußte wohl tatsächlich eine weite, sehr weite und zu seinen Zeiten noch recht beschwerliche Reise über die irische See nach dem Dubliner Hafen Dun Laoghaire und von dort weiter mit Eisenbahn und Bus unternehmen, um einen sicheren Abstand nicht nur zwischen sich und seine Gegner, sondern auch jene unerbittlichen Ansprüche zu bringen, die ihn gemäß eines recht bequemen Verständnisses von Literatur als das *Gewissen* einer ganzen Nation sehen wollten, als den *anderen* Deutschen, der seinem Land als gelegentlicher Lastenschlepper wenigstens für die beschwerlicheren Abschnitte eines Weges in die Zukunft ein übergroßes, manchmal unerträgliches Gewicht abnehmen sollte.

Verständlich, daß Enttäuschung, ja Zorn selbst grundverschiedenen, einander gegenüberstehenden Lagern entsprechend groß waren, als ausgerechnet dieser mit patriotischen Aufgaben betraute, dafür sogar mit dem Nobelpreis honorierte Mann darauf hinwies, daß so etwas wie Gewissen oder umständlicher gesagt: die Haltung eines einigermaßen aufgeklärten, humanen Individuums grundsätzlich nicht delegierbar sei. Das wichtigste Verfahren dieser Haltung habe dabei aber nicht ein auf programmatische Rezepte verweisendes System von Antworten zu sein, sondern vor allem: die Frage.

Natürlich ließe sich an dieser Stelle, durchaus und ganz in der Tradition Heinrich Bölls, fragen, ob denn beispielsweise die Terrorängste einer fernen, nach einem Herbst in Deutschland benannten Zeit nicht bloß Vorläufer jener strategisch geschürten Panik waren, die in unseren Tagen vor allem demokratische Gesellschaften zu befallen scheint und dort nicht nur die Abschaffung von Bürgerrechten, sondern selbst den Angriffskrieg und damit verbundene Massenmorde als vorbeugende Selbstverteidigungsmaßnahmen unvermeidlich machen soll. Es ließe sich fragen, ob denn da etwa der schreckliche Tod von nahezu dreitausend Menschen in den Trümmern zweier New Yorker Hochhäuser in einem *amerikanischen* Herbst den Bruch internationalen Rechts rechtfertigen kann, die Zerstörung von Städten, die Aussetzung der Genfer Konvention als überholte Gefühlsduselei und die Wiedereinführung von Foltermethoden der Spanischen Inquisition ausgerechnet mit dem Hinweis auf den Schutz von Demokratie und Menschenrechten.

Wer sich die Erlaubnis zum Rückfall in die Barbarei erteilt, der darf, ja muß wohl auch terrorverdächtige Großstädte mit Bombenteppichen überziehen und beispielsweise die mehr als achtzigtausend im Fortgang *unvermeidlicher* Militärschläge allein im Irak getöteter Zivilisten als Kollateralschäden abbuchen: Ein heiliger, der Freiheit und dem Frieden geweihter Krieg gegen den Terror darf offensichtlich auch Massenopfer in den Wohnblocks der Feinde fordern.

Weiter und weiter wäre allerdings zu fragen, ob denn, wie in den ersten Jahren eines vermeintlich *neuen* Jahrtausends geschehen, ein durch zweifelhafte Ölgeschäfte zum vielfachen Millionär gewordener Mann nicht besser einem mit Kriegsverbrechen beschäftigten internationalen Tribunal in Den Haag auszuliefern wäre, anstatt ihn unter grotesken Umständen wiederholt zum Präsidenten der Vereinigten Staaten von Amerika zu wählen; ein Mann, der, erfüllt von der Liebe zu *seinem* Gott und *seinem* Vaterland, immer noch stolz ist auf die mehr als hundertdreißig Todesurteile, die er als Gouverneur des humanistischen Musterstaates Texas bestätigt hat, und nun als *Mister President* uneingeschränkten Gebrauch macht von den allerneuesten, wahrhaft durchschlagenden Methoden der Friedenssicherung. Daß nur ein mit Erdöl vertrauter, zu allem entschlossener Bewohner eines Weißen Hauses weltbedrohende, beispielsweise in erdölproduzierenden Ländern eventuell und vermutlich und möglicherweise nebenbei produzierte Massenvernichtungswaffen noch vor ihrer Fertigstellung wirksam zu entschärfen vermag, dürfte in einer auf allen Linien und von allen Rechten befreiten Welt keine Frage mehr sein.

Unbeantwortet bliebe allerdings nach wie vor, warum eigentlich chemische und biochemische Massenvernichtungswaffen und nukleare Keulen in den Händen einer islamischen, russisch-orthodoxen oder hinduistischen Gesellschaft gefährlicher, um vieles! gefährlicher sein sollen als in den fundamental christlichen Händen einer die sogenannte *Freie Welt* anführenden Macht, die diese Waffen, bestens beraten übrigens von nationalsozialistischen Beutewissenschaftlern, nicht bloß entwikkelt, sondern als erste und bisher einzige Staatsmacht der Geschichte nicht nur gegen einzelne Hochhäuser, sondern gegen japanische Großstädte mit der gleichen

Begründung eingesetzt hat, die auch die Kriege unserer Tage und aller Tage nach uns heiligen soll: Alle Opfer dienten allein der Wiederherstellung des Friedens.

Gewiß, mit solchen Fragen, von welcher Seite sie auch immer gestellt werden, ist stets die Gefahr von Parteilichkeit und Irrtum verbunden, vor allem wohl, weil die Realität noch weitaus empörender sein dürfte, als selbst vom argwöhnischsten Fragesteller vermutet. Aber warum sollten denn unter allen Fragestellern ausgerechnet Schriftsteller besser vor Irrtümern geschützt sein als, sagen wir, die Verfasser von Leserbriefen und Leitartikeln, die Mitglieder eines Drachenfliegerklubs oder ein Handwerksmeister, der den Wasserrohrbruch in der Caféteria eines Parlaments repariert?

Heinrich Böll hat in seinem erzählerischen und essayistischen Werk nicht bloß gefragt, sondern auch angeklagt und verurteilt. Und wie jedes umfangreiche Werk unterliegt auch dieses einer Wellenbewegung, die von Höhen und Untiefen bestimmt wird. Aber wer sich diesem Werk zuwendet, stößt darin – ganz im Gegensatz noch zu den kleinsten und rußigsten Lichtern der Bücherwelt, die manchmal böse zu flackern beginnen, wenn vom literarischen Rang dieses Werkes die Rede ist – auf Beschreibungen, um die sich nur ein Dichter bemühen kann. Etwa, wenn Böll in seinem Irischen Tagebuch von einem Abschied von Dublin erzählt, einer letzten Nacht vor der Rückreise auf den europäischen Kontinent in einer Pension an der Dorset Street.

... in der Pension (der billigsten, die wir in der Abendzeitung hatten finden können) waren die Fußböden so schief, daß wir kopfabwärts in unendliche Tiefen abzusinken schienen; auf einer sanft geneigten Rutschbahn glitten wir durch das Niemandsland zwischen Traum und Erinnerung, fuhren durch Dublin, bedroht von den Abgründen um das Bett, das mitten im Zimmer stand ...

Das ganze Inventar des Nationalmuseums ... wurde in diesem Niemandsland ... überdeutlich und starr wie die Requisiten eines Panoptikums ...: St. Brigids Schuh leuchtete silbern und zart aus der Dunkelheit, große schwarze Kreuze trösteten und drohten, Freiheitskämpfer in rührenden grünen Uniformen ... zeigten uns ihre Schußwunden ...; ein Kochtopf aus dem dreizehnten Jahrhundert schwamm an uns vorüber, ... wir fuhren durchs Tor ins Trinity College ein, aber unbewohnt war diese große graue Stätte, nur ein blasses Mädchen saß weinend auf der Treppe zur Bibliothek, ... wartete auf einen Liebsten oder trauerte ihm nach. ... engumschlungen rutschten wir weiter. Alles, was wir besichtigt hatten, besichtigte jetzt uns: Löwen brüllten uns an, turnende Gibbons kreuzten unsere Bahn, ... und der Leguan mit seinen toten Augen warf uns seine Häßlichkeit vor; ... ein Schaffner kurbelte aus einer Fahrscheinmühle eine lange Papierlocke heraus, und auf den Stufen der Bank von Irland saß eine alte Frau und zählte Eindollarscheine, und zweimal, dreimal, viermal kam der Schalterbeamte der Hauptpost und sagte mit bekümmerter Miene hinter seinem Gitter hervor: Sorry.

Als Heinrich Böll im Sommer 1985 starb, habe die Stadt Köln, heißt es, *seine* Stadt, ihre Flaggen auf Halbmast gesetzt und damit eines ihrer berühmtesten Kinder mit einer an die Bräuche auf Hare Island erinnernden Zuneigung und Freundlichkeit sozusagen auf Händen an jenes Meer der Literaturgeschichte hinabgetragen, das am Ende selbst seinen Sonntagskindern gegenüber ebenso gleichgültig bleibt wie gegenüber Schiffbrüchigen: Wem es in seinen Erzählungen gelang, die Herzen, Gedanken, Sehnsüchte seiner Zuhörer oder Leser zu erreichen, der schwimmt vielleicht noch eine Weile. Wer allein von sich und zu sich selber sprach, versinkt vielleicht schon nach dem letzten Satz seiner allerersten Erzählung.

Auch wenn Bölls Name in unseren Tagen im saisonal angestimmten Gezeter um die jeweils neuesten literarischen Popstars kaum noch zu hören ist, werden uns seine Erzählungen gewiß noch eine Weile begleiten, bis sie – wie die Gedichte, Erzählungen und Dramen auch der größten Poeten, sei es der Antike oder eines künftig aufklaffenden Cyberspace – nach der Erfüllung oder dem Widerruf aller jemals mit ihnen verknüpften Hoffnungen in Frieden vergessen werden.

Der Sänger

Zum Erzählen in Strophen

Ich erinnere mich an einen Mann, der am Ende einer lauten Beschimpfung des Meeres und aller Plagen der Fischerei auch noch seinen Kühlschrank verfluchte und plötzlich begann, seine Klagen und Flüche zu *singen*!

Eben hatte er noch schimpfend an der Theke eines muffigen Pubs an der Straße zum Healy Paß in der irischen Grafschaft Cork gestanden und mit seinen Stiefelabsätzen den Takt seiner Flüche in den mit Sägemehl bestreuten Boden gestampft – als er sich unvermutet vom Tresen abstieß, einen Schritt zurücktrat, von nun an nur noch gelegentlich den Arm ausstreckte, um den Schanktisch mit den Fingerspitzen kurz zu berühren, als wollte er durch den flüchtigen Kontakt mit dem massiven Teakholz seine alte Standfestigkeit wiederherstellen – und sang:

Strophen von einem vergeblich gegen die Wärme der späten Herbsttage anbrummenden Kühlaggregat …, von einem durchgeschmorten Kontakt und dem damit verbundenen Kurzschluß, von einer Schmelzwasserpfütze, in der er diesen verfluchten *fridge* bei der Rückkehr von einem Fischzug in den Fanggründen westlich von Fastnet vorgefunden hatte …, von Schimmelpilzen in der Gemüselade, Tauwasser selbst im Tiefkühlfach!, von einem verdorbenen, in einer schalen Brühe liegenden Steinbutt und schwärzlich angelaufenen Kirschtomaten …

Ich war damals seit Tagen auf den Küstenstraßen von Cork und Kerry unterwegs, weil mir meine Wohnung am Leopardstown Grove im Dubliner Vorort Blackrock zu finster, zu eng geworden war und ich im Südwesten Irlands nach einem aussichtsreicheren Quartier suchen wollte. Ein plötzlicher Heißhunger, der mich auf langen Autofahrten manchmal überfällt und dann selbst vor klebrigen Snacks aus den Lebensmittelregalen von Tankstellen nicht zurückschrecken läßt, hatte mich gezwungen, einem Schaufensterschild wie ein Schlafwandler zu folgen

Drei Männer, einer hinter der Theke, zwei davor, nahmen kaum von meiner Ankunft Notiz, sondern blieben versunken in das, womit sie beschäftigt waren: der eine in das Polieren einer Batterie von Zapfhähnen, der andere in den Anblick einer fast leeren Pint Murphy's, der dritte in einen stockenden, gegen den Spiegel hinter der Bar und eine Parade von Flaschen gesprochenen Monolog, in dem er die Wundergläubigkeit seiner Frau beklagte, die mit einem Bus voll Wallfahrern nach Lourdes unterwegs war … Zweitausend Meilen! fuhr diese Kuh durch Irland, England und Frankreich in der Hoffnung auf ein Wunder, das der ältesten Tochter, die in Killarney im Rollstuhl saß, wieder auf die Beine helfen sollte ... Die Gottesmutter anbetteln, aber das Haus verludern lassen, während ihr Mann auf einem Kutter dem Kabeljau bis nach Amerika nachschwamm, um dann in ein leeres, kaltes Haus zurückzukommen, in dem Tauwasserpfützen standen ...

Obwohl ich vieles von dem, was der Kläger im rollenden Dialekt West Corks vortrug, nicht verstehen konnte, war ich wohl der einzige, der ihm zuhörte, denn weder der Barkeeper noch der in den Anblick seiner Pint versunkene Gast hoben auch nur den Kopf, als sich die Klage – während ich darauf wartete, daß meine vom Keeper durch ein Loch in der Mauer gebrüllte Bestellung die Form eines mit Krebsfleisch belegten Sandwiches annahm – in einen an- und abschwellenden Gesang verwandelte ...

Na gut: Da sang einer; sang von einem Kühlschrank und einer Wallfahrt, von seiner wundergläubigen Frau, einer Tochter im Rollstuhl, von Tauwasserpfützen und einer durchgebrannten Sicherung ... Waren wir denn nicht alle von Musik, selbst wenn sie nur aus einer Singstimme bestand, leichter zu rühren als von einem gesprochenen oder gelesenen Wort? Und war es dann nicht selbstverständlich, wenn einer seine Bewegung, seinen Zorn, seine Lust oder Trauer nicht bloß aussprach, sondern sang?

Durch die manchmal flüsternde, manchmal leiernde, dann wieder empörte Stimme des Sängers am wörtlichen Verständnis seiner Strophen zusätzlich gehindert, begann ich, seiner Ballade doch auf einer anderen, nicht weniger eindringlichen Ebene zu folgen, ja begann, zuerst recht verhalten, dann immer lauter, den Takt mit den Knöcheln meiner Fäuste auf der Theke zu klopfen.

Ich gebe zu: Ich mag Balladen, Songs, Strophen – nicht allein die tatsächlich vorgetragenen, gesungenen, auf Instrumenten begleiteten, sondern mag sogar ihren schriftlichen Niederschlag in Form jener flatternden, aus ungleich langen Zeilen bestehenden Absätze, als die sie uns beispielsweise im Druck und auf Buchseiten erscheinen.

Mir war die Bereitschaft immer ein bißchen unheimlich, mit der sowohl Schreiber als auch Leser manchmal an eine Art Deckungsgleichheit zwischen Wort und Wirklichkeit glauben wollen: Als ob beispielsweise zwischen dem Wort *Meer* und dem, worauf der Held einer Geschichte nach Westen segelt oder worin ein anderer schwimmend gegen das Ertrinken kämpft und schließlich doch untergeht, kein ungeheuerlicher Unterschied bestünde! Selbst ein Erzähler, der sich der Umgangssprache, eines Dialektes oder Slangs bedient, um der Wirklichkeit so nahe wie möglich zu kommen, wird schließlich nicht leugnen, daß ein Wort zwar vieles, sehr vieles tragen kann, aber kein Schiff.

Die Strophe als der augenfälligste Ausdruck der Verzauberung von Dingen, Wesen und Tatsachen der gegenständlichen Welt in Sprache erinnert mich aber immer auch an Zeiten, in denen ich mit einer Querflöte oder einer Gitarre, mit Tablas, Pongos oder einer Sitar, mit Bambus- und Blechflöten und meinem lange wie einen Schatz gehüteten und am Ende doch verlorengegangenen Instrumentarium in Strandhütten, verqualmten Wohnungen und selbst Zelten – musizierte. Neben den orgiastischen Momenten der Liebe gibt es wohl nur wenige Glücksfälle, die mit jener Begeisterung zu vergleichen sind, die uns erfassen kann, wenn wir uns musizierend verständigen – verbunden allein über eine leidenschaftliche Melodie. Und selten kommt die Sprache der Musik näher als in den Strophen einer Ballade, eines Gedichts.

Seit die meisten Dichter sich von der gebundenen Rede verabschiedet haben und nun anstelle von Versen freie Rhythmen und dazu einen in Strophen gegliederten Flattersatz verwenden, ist allerdings da und dort das Mißverständnis entstanden, bei jedem flatternden, also aus ungleich langen Zeilen bestehenden Text handle es sich um ein Gedicht. Das ist ein Irrtum. Der Flattersatz – oder lassen Sie mich lieber *der fliegende Satz* sagen – ist frei und gehört nicht allein den Dichtern.

Ich habe nichts gegen das Ebenmaß der schönen, allesamt gleich langen Zeilen des Blocksatzes im Buchdruck, keinesfalls! Aber dieses Ebenmaß ist eben nur eine technische, ökonomische Maßnahme, eine Sparmaßnahme, die Worte zur Not eben auch trennen, zerreißen und ihre Silben auf verschiedene Zeilen verstreuen muß.

Die Strophe dagegen trennt nicht, sondern verbindet noch die verstreutesten Teile einer Erzählung und erinnert uns sanft: Es gab Zeiten, da mußte ausschließlich im Vertrauen auf die Aufmerksamkeit von Zuhörern und ohne Schriften und ihre Bilder erzählt und eine Geschichte allein im Gedächtnis und in der mündlichen Überlieferung bewahrt werden. Der Analphabetismus, heißt es, sei ja auch in neuesten Gesellschaften weit verbreitet und – global betrachtet – immer noch ein durch Armut erzwungenes oder durch Reichtum und Trägheit freiwillig in Kauf genommenes Unvermögen des allergrößten Teiles der Menschheit.

Auch die Ursprünge jener Brudergeschichte, von der beispielsweise die Strophen meines Romans *Der fliegende Berg* erzählen, reichen weit hinter die Erfindung der Schrift zurück. Lange bevor ich selber schreiben und lesen lernte, haben mich Geschichten von Brüdern gebannt, genaugenommen seit den Tagen, in denen ich den Pfarrer meines Heimatdorfes von der Erschaffung der Welt, von der Vertreibung aus dem Paradies – und gleich darauf von Kain und Abel habe erzählen hören. Seither wurde mir in Märchen, erfundenen oder dokumentierten Geschichten wieder und wieder vorgeführt, daß sich das Schicksal ganzer Gesellschaften und Reiche oft an der Frage entschied, ob wir zu Hütern oder zu Feinden unserer Brüder wurden.

Weil einem uralten Thema eine uralte Form wohl ansteht, war ich eine Zeitlang sogar versucht, nicht bloß auf die Strophe, sondern auf noch ältere, schriftlose Formen zurückzugreifen und es den Märchenerzählern unter den Berbern des Hohen Atlas nachzutun, die auf dem *Djemaa el Fna*, dem *Platz der Gehenkten*, in der marokkanischen Königsstadt Marrakesch, auf dem einst die Schädel der Enthaupteten zur Schau gestellt wurden, ihre Geschichten anbieten und dazu keiner anderen Mittel bedürfen als einer Stimme und eines Ohrs.

Ich habe, als ich die ersten Kapitel meines Romans *Der fliegende Berg* in einem Theater vorlas und die Lesung später in weiteren Theatern fortsetzte, tatsächlich mit dem Gedanken gespielt, diese Geschichte bis an ihr Ende zu erzählen, ohne ihr jemals einen Druck, ein Buch, folgen zu lassen. Schließlich verfügen wir ja mittlerweile über technische Mittel, die uns durchaus erlauben, ganze Romane bloß als *Hörbücher* zu veröffentlichen und so nicht nur dem alphabetisierten, sondern auch dem Publikum zugänglich zu machen, das weder lesen noch schreiben kann: dem Publikum der Vergangenheit *und* möglicherweise der Zukunft.

Ich habe mir dabei nie eingebildet, als Erzähler einer für alle zu sein, war aber dankbar, wenn ein gelangweilter oder unzufriedener Zuhörer sich nicht laut protestierend verabschiedete, sondern wie auf dem *Djemaa el Fna* einfach weiterging, weiter zum nächsten der vielen Kreise, die sich dort um die angebotenen Märchen in der Hoffnung bilden, daß auf dem Platz der Gehenkten jeder, Zuhörer *und* Erzähler, eine Stimme und ein Ohr finden kann.

Aber was sage ich: Der Sänger im Pub an der Straße zum Healy Paß machte sich am Ende seiner Geschichte keinerlei Sorgen – weder um Verständnis und Unverständnis noch um seinen einzigen Zuhörer, sondern ging entschlossen, ja mit an einen Tanz erinnernden Schritten zur Tür und trat mit einem *Good luck!*, dem über die Schulter zurückgesungenen Gruß West Corks, wieder ins Freie.

Sarah Rotblatt, Schönheitskönigin

Zur Entstehung einer Kurzgeschichte

Marathonläufer, Hochspringer, Ringer, auch eine Speerwerferin, die ihre Lanze gegen aufziehende Gewitterwolken zu schleudern schien – der greise Fotograf zog immer weitere Bilder von Wettkämpfern und Athletinnen, matt glänzende Silberjodidabzüge, aus vor ihm liegenden Mappen und Schachteln und legte sie nebeneinander, schließlich übereinander auf den großen Eßtisch seines Wohnzimmers, als wollte er eine Tafel mit olympischen Erinnerungen decken.

Es war ein kalter Märzmorgen in Wien. Draußen schliff ein scharfer, mit Eiskristallen versetzter Wind symphonische Geräusche von den Stuckfassaden, Giebeln und Dachvorsprüngen, aber im Dämmerlicht der weitläufigen Altbauwohnung des Fotografen blieb es still:

Nach der Winterdunkelheit schmerze ihn das grelle Vorfrühlingslicht in den Augen, deshalb ziehe er die Vorhänge nur einmal am Tag zurück, am Morgen, wenn er alle Fenster zu einer Stoßlüftung öffne, sagte der Fotograf und legte das Bild eines Boxers auf das eines Turmspringers, der sich gerade vom Trampolin gelöst hatte und nun für immer über dem glatten, schwarzen Wasserspiegel eines toten Arms der Donau schwebte.

Vielleicht waren es die hellen, oft weißen Dressen der auf Schwarzweißfotografien gebannten Teilnehmer an längst vergessenen Sportfesten, vielleicht auch die hoch über diesem und jenem Wettbewerb dahindriftenden weißen Wolken eines über Stadien, Schwimm- und Aschenbahnen ausgespannten Himmels, die das durch die verhängten Fenster der Wohnung sickernde Frühlingslicht reflektierten und so den Eindruck entstehen ließen, es seien in Wahrheit die auf dem Tisch ausgelegten Fotografien, die diese dämmrige Zuflucht in der Wiener Innenstadt erhellten: Lichtbilder.

Wie viele von diesen Bildern waren nicht schon auf Plakaten und in Galerien und Ausstellungen gezeigt worden, in Bildbänden und immer wieder auf den Titelblättern von Zeitungen, an deren Namen sich nun nur noch Archivare erinnerten. In den unruhigen Jahren zwischen den bisher größten und blutigsten Kriegen der Weltgeschichte hatte der greise Fotograf zu den berühmtesten seines Standes gehört. Aber jetzt, in diesen kalten Märztagen, war auch sein Name beinah vergessen: Lothar Rübelt. Vergessen, sagte er, ihm erscheine selbst der eigene Name als der eines Vergessenen. Er sei eben zu einem Mann der Vergangenheit geworden, vergangen wie die meisten Menschen seiner Generation und vergangen wie alle, die er in den triumphalsten Posen ihres Lebens mit seiner Leica aus der

Zeit herauszuheben und für eine bedrohliche Zukunft festzuhalten versucht habe.

Ich war in diesen Tagen auf den Namen des Fotografen und seine Adresse an der Wiener Wollzeile gestoßen, weil ich auf der Suche nach Bildern aus der *Zwischenkriegszeit* war: Dieser Fotograf, hatte man mir gesagt, dieser Fotograf, wie hieß er doch gleich, sei zwar vor allem als Chronist sportlicher Wettkämpfe berühmt geworden, habe aber neben den Aufmärschen von Athleten und Fußballmannschaften auch die ersten Paraden jener Barbaren fotografiert, die sich zur Übermacht zusammenrotten und nicht nur auf Spielfeldern, sondern auch auf Schlachtfeldern siegen wollten – in Reithosen, mit nackten, von Ledergurten geschnürten Oberkörpern marschierende Nationalsozialisten, denen man das Tragen ihrer braunen Uniformen damals noch verboten hatte und die dann eben ohne Hemden und Jacken ins *Heil* marschierten. So hatte Rübelt sie fotografiert. Und er hatte auch blutige Demonstrationen und die zahllosen Kämpfe zwischen Arbeitslosen und berittener Polizei fotografiert, Bettler fotografiert, schlafende Markfrauen, Erzgießer vor ihren glühenden Öfen und schließlich einen triumphierenden Adolf Hitler auf dem mit schwarzen Hakenkreuzfahnen dekorierten Balkon des Wiener Rathauses und auf dem von brüllenden Begeisterten schwarz wogenden *Heldenplatz* der Stadt, kurz: Der Fotograf hatte den Anfang vom Ende festgehalten, die ersten Gespenster eines Reiches, das ein Jahrtausend überdauern sollte und wenige Jahre nachdem er den Auslöser gedrückt hatte, in

Feuerstürmen verglühte … Wenn ich also nach Bildern aus der Zeit suchte, in der aller Schrecken …, nein, nicht anfing, sondern bloß unübersehbar geworden war, dann begann ich am besten an der Wiener Wollzeile, in der Wohnung des Fotografen.

Aber, auch das war mir vor meinem Besuch gesagt worden, selbst der Fotograf sei für eine Weile vom wilden Glanz der Aufmärsche, der Fackelzüge und den Feuern einer unbesiegbar scheinenden Macht geblendet gewesen, betäubt von Glücksversprechen und gebrüllten Schwüren, alles Elend für immer aus der Welt zu schaffen … Und hatte nicht auch er dem Führer in den Untergang einmal, wenn auch nur ein einziges Mal, zugejubelt?, dem Ende einer ganzen Welt zugejubelt.

Ich saß an der mit Bildern überfluteten Tafel und nahm mir vor, solche und ähnliche Fragen diesem so schmal, ja zerbrechlich erscheinenden, gastfreundlichen Greis später zu stellen, später, nur diese eine Mappe noch, nur diese eine Schachtel.

Und der Fotograf griff nach der nächsten Mappe, hier …, die Schmetterlingsschwimmer am Donaukanal, es sei ein brütendheißer Tag gewesen, und hier, das Rennen auf der Hochalpenstraße, Spuren im Schnee.

Vielleicht war es Zufall, aber plötzlich fielen, wie Trümpfe in einem offenen Kartenspiel, vier oder fünf Fotografien aus der Mappe und blätterten auf den Flor des Teppichs. Dort waren jetzt schlafende Marktfrauen zu sehen, ein brennender *Justizpalast* – und das Bild einer nächtlichen, wie eine Filmkulisse strahlend erleuchteten Tankstelle: Ich hob das Foto vom Boden auf und legte es auf das eines Olympioniken.

Vor den runden, polierten Zapfsäulen stand ein chromfunkelndes Kabriolett, in dem eine in nachlässiger Eleganz in einen breiten, seidig schimmernden Schal gehüllte Frau sich wie gelangweilt von den Mühen eines unformierten Tankwarts ab- und ihrem Taschenspiegel zuwandte. Vielleicht würde sie im nächsten Augenblick ihrem Mund mit einem Lippenstift einen noch sinnlicheren Schwung geben und sich später, während der Tankwart in seiner fleckenlosen Uniform vom Fahrtwind zerschmetterte Nachtfalter von der Windschutzscheibe schabte, die Füße vor einer hell erleuchteten Glasfront vertreten, als schreite sie über einen Laufsteg.

... die Schönheitskönigin, sagte der Fotograf, die damalige Wiener Schönheitskönigin – und nannte einen Namen, den ich Stunden später wieder vergessen hatte und auch in meinen Gesprächsnotizen nicht mehr wiederfand; ein Schnappschuß. Er sei an diesem Abend wegen eines Kettendefektes an seinem Motorrad zufällig auch an dieser Tankstelle gewesen und habe auf einen befreundeten Mechaniker gewartet.

Der Greis hatte Mühe, sich zu bücken. Ich las die restlichen Bilder vom Teppich und reichte sie ihm über den Tisch, obenauf eines, das in der Sammlung olympischer Fotos noch fremder als das der Schönheitskönigin erschien: Es war das Porträt einer lächelnden jungen Frau. Auch ihr Mund schimmerte vom Lippenstift;

eine Locke ihres offenen, dunklen Haares fiel ihr in die Stirn und konnte doch den Glanz ihrer Augen nicht überschatten – keine Schönheitskönigin, sondern eine Schönheit.

Und die?, fragte ich, wer ist das?

Wie bei allen anderen Bildern mußte der Fotograf auch jetzt nicht nachdenken, als er *Sarah Rotblatt* sagte. Sarah Rotblatt, nur den Namen, dazu keine Sportart, keinen Titel, den Namen aber so bestimmt, als sollte damit auch klarwerden, daß, was immer er von dieser Frau wußte, ihr Name alles war, was er sagen wollte.

Sarah Rotblatt. Wie schön sie selbst gegen die seidige Eleganz der Königin in ihrem Kabriolett erschien. Hatte sie sich jemals zur Schau gestellt?, für den Fotografen posiert?

Der Fotograf schwieg, steckte das Bild in die Mappe zurück. Sarah Rotblatt schien in jenem Augenblick, in dem er sie *festgehalten* hatte, an irgendeinem Tag zwischen zwei Weltuntergängen, nichts geahnt zu haben von dem, was ihr und denen bevorstand, die zu ihr gehörten. Wenn sie etwas ahnte, dann zeigte sie es nicht. In ihren Gesichtszügen war keine Spur von Unruhe, Angst zu entdecken, ja, sie schien nicht einmal den Fotografen bemerkt zu haben und lächelte offensichtlich jemandem zu, der sich außerhalb des Blickwinkels der Kamera befand. Auch das ein Schnappschuß, sagte der Fotograf.

Und plötzlich begannen das Bild der vom Chrom und Eleganz funkelnden Tankstelle mit einer eben vorgefahrenen, gelangweilt wartenden Schönheitskönigin und das Porträt einer lächelnden Frau, die sich nichtsahnend vor nichts zu fürchten und allein ihr Glück zu erwarten schien, zu überlagern, Namen und Zeiten und Schatten flossen aus einem ins andere Bild über, flossen ineinander – und ich beugte mich über das chromblitzende Kabriolett und die polierten Zapfsäulen und sagte: *Die Schönheitskönigin Sarah Rotblatt fährt an einer Tankstelle vor.*

Ich weiß nicht, ob der Fotograf mich verstanden hatte oder, gefangen in Erinnerungen, über die er nicht mehr sprechen wollte oder sprechen konnte, bloß abwesend nickte. Aber er sah über das Bild hinweg und nickte.

Als ich noch unsterblich war

Zur Eröffnung der Basler Buchmesse

Als ich noch unsterblich war ...,

als ich noch unsterblich war und der Tod nur ein Rätsel, das stets die anderen betraf, aber weder mich noch meine Brüder, meine Schwester, meine Eltern, ja keinen einzigen meiner Nächsten und Liebsten, sondern immer nur die anderen – Nachbarn, Bauern, Handwerker meines Dorfes, die mit gefalteten, von Rosenkränzen umwundenen Händen und seltsam wächsernen Gesichtern in ihren offenen Särgen auf einem Katafalk der Friedhofskapelle aufgebahrt lagen. Der Kirchenchor sang jedesmal *Näher mein Gott zu dir*, bevor die Wachsfiguren zu ihren Gräbern im Schatten der Kirche getragen wurden, lehmigen Gruben, die mir als Tunnels oder Stollen erschienen, die sowohl in die Abgründe des Himmels wie jene der Hölle führen konnten ...

Als ich noch unsterblich war und meine Tage als kindlicher Analphabet fern aller Stundenpläne und Schulordnungen in märchenhafte Spiele vertieft verbrachte, deren chaotische Regeln ich allein bestimmen durfte, wurden mir manchmal selbst die Mahlzeiten zum Spiel. Dann saß ich vor einem weißen, mit klarer Suppe gefüllten Porzellanteller mit brüchigem Goldrand und fischte mit meinem Löffel nach den vollgesogenen, in Strudeln dahinwirbelnden Elementen der Suppeneinlage – zierlichen Buchstaben aus Teig von der Größe einer Erbse oder einer Johannisbeere, die ich dann entlang des Tellerrandes zu halbkreisförmigen Kolonnen mit wechselnden Bedeutungen anordnete:

Einmal war mein vom Fett der Suppe wie lackierter Fang eine Tierkarawane, beispielsweise auf dem Weg zu den Fallreeps der Arche Noah – denn auch wenn ich noch lange nicht lesen konnte, wußte ich doch aus den Erzählungen einer Magd, die jeden Freitag gemeinsam mit meiner Mutter auf einem Rutschbrett kniend die Holzböden unserer Wohnung mit Reisbürste und Schmierseife schrubbte, daß die Welt, auch unser Dorf, alle Dörfer, schon einmal von einem wütenden, allmächtigen Gott mit einer ungeheuren Flut von allen Menschen reingewaschen und nur ein Mann namens Noah verschont worden war. Nur dieser Noah hatte einer himmlischen Warnung geglaubt und rechtzeitig eine Arche gebaut, mit der er sich und seine Frau und je ein Paar unschuldiger Tiere vor dem Untergang retten konnte.

Am Mittagstisch, an dem stets ein unsichtbarer Sohn dieses gefährlichen, alle Ströme und Meere beherrschenden Gottes neben mir saß – *O Herr Jesus, sei unser Gast und segne, was Du uns bescheret hast* –, konnte unter dem Eindruck der Sintfluterzählungen der Magd beispielsweise das aus meiner Buchstabensuppe gefischte O zur Schildkröte werden oder zu einem Karpfen, das S zu einer Schlange, einem Aal, einer Eidechse, das W zum Schmetterling und das B zu einer Katze, die auf der Lauer saß … Ein anderes Mal wiederum glänzte das in Schlachtordnung gereihte Teigalphabet als Reiterarmee in fettschimmernden Rüstungen oder als Horde heranjagender Indianer, deren Stammesführer, ein Q, einen blutigen Dolch, im Gürtel trug. Auch in ein Elfenheer, das sich an der Goldrandküste eines unter meinen Löffelschlägen stürmisch gewordenen Meeres zum Kampf gegen anbrandende, in Teufelsquallen verzauberte Fettaugen formierte, hatte ich meine Teigsymbole gelegentlich verwandelt.

Meine Mutter, eine liebevolle, mit jahrhundertealten Märchen und Liedern vertraute Frau, die das ihrem Leben fehlende Glück nach schmerzlichen Enttäuschungen allein in der Erziehung ihrer vier Kinder suchte, duldete, ja förderte alle diese Verwandlungen, solange dabei ein Grundgesetz nicht verletzt wurde: Die Suppe sollte über allem Zauber nicht kalt werden. Sie brachte von jedem einmal monatlich unternommenen Großeinkauf im Dorfladen einen neuen, knisternden Zellophansack voll Teigbuchstaben mit, zwischen denen sich zu meiner Begeisterung manchmal auch noch die Larven von Lebensmittelmotten wanden, blinde, hilflose Würmchen, die inmitten zahlloser ungekochter Buchstaben ihre Verwandlung in geflügelte, von der Schwerkraft befreite Luftwesen erwarteten. Meine Mutter beließ mir lange Zeit jede Freiheit, das schwimmende, eßbare Alphabet als Symbolsammlung für alles zu nehmen, was mir gerade durch den Kopf huschte und ein W ebensogut zum gaukelnden Zitronenfalter als auch zum dornenbewehrten Alien aus den Tiefen des Sternenhimmels erklären konnte.

Erst allmählich und Teigzeichen für Teigzeichen begann sie, mir wie ein kostbares, nur auserwählten Eingeweihten vorbehaltenes Geheimnis zu verraten, ja, zu *verraten*, daß ein O nicht bloß eine Schildkröte und ein S nicht bloß eine Schlange sein, sondern jedes einzelne, aus meinem goldenen Meer gefischte Zeichen eine Bedeutung haben konnte, die mir zunächst recht bescheiden erschien, dann aber weit, weit über den symbolischen Zauber hinausreichte: Offensichtlich konnte jeder, der über einen Schlüssel zum Verständnis dieses Geheimnisses verfügte, seinen vom Löffel auf den Porzellanstrand gekippten Fang nicht bloß zu Reiterkolonnen oder Elfenheeren formieren, sondern zu *Worten,* Namen, ja ganzen Sätzen! und so *alles*, was er in dieser Welt sah, was er hörte, dachte oder an Wünschen an ein weihnachtliches, Geschenke überbringendes Himmelskind oder eine Pralinen spendende Tante auflisten wollte, in Sprache, in Schrift verwandeln. Ein einziges, zu Buchstaben aus Teig oder Tinte geronnenes Wort vermochte die geheimsten Gedanken seines Schreibers nicht bloß über Suppenteller und Küchentische hinweg, über Gebirge, Meere und Kontinente tragen, sondern ihn über die Zeit erheben und noch lesbar bleiben, wenn er selber bereits seit Jahren oder Jahrhunderten wieder verstummt war.

Natürlich war meine Enttäuschung groß, als ich vor meinem Suppenteller auch lernen mußte, daß *Schrift* nicht bloß aus einem einzigen, sondern aus unzähligen Alphabeten bestand, von denen ich mit dem griechischen und kyrillischen sogar einige im Bücherregal meines Vaters entdecken sollte, auf dem die Abenteuer des Odysseus im Homerischen Original und die Helden Dostojewskis, Gogols, Turgenjews oder Tolstois in ihrer russischen Fassung noch lange – zumindest was das Original anbelangte – vergeblich auf mich warten mußten.

Aber ich lernte an meinem Porzellanstrand zumindest die Muttersprache lesen und schreiben, ordnete meinen Fang aus dem Suppenozean zu immer neuen Worten und empfand ein seltsam machtvolles Glück bei dem Gedanken, daß ich, was in manchen Märchenbüchern als endlose Wasserwüste abgebildet war oder sich unter Stürmen zu tosenden Wellengebirgen erhob und selbst die größten Inseln und Kontinente auf dem schartigen Globus der Dorfbibliothek wie Flöße erscheinen ließ, nun, als Eingeweihter in das Geheimnis der Schrift, mit vier aus Teig geformten Buchstaben in das Wort MEER verwandeln konnte. Was an die Küsten der wirklichen Welt brandete, mochte ganze Flotten tragen und Eisberge und schäumende Züge von Walen, Delphinen und fliegenden Fischen beherbergen und war doch, sprach oder schrieb man von diesem Wasserreich, mit nur vier Buchstaben in ein kurzes, noch auf einem Fingernagel Platz findendes Wort zu bannen … Und für den Zauber dieser Metamorphose bedurfte es nicht mehr als jener Kräfte, die jeder Mensch in sich selber trug und die in seinem Kopf nur darauf warteten, eingesetzt zu werden und die Welt und alles, was noch unausgesprochen war, zur Sprache zu bringen.

Wenn ich meine Lettern auf dem Tellerrand gelegentlich zu einem Satz wie ICH BIN NICHT HUNGRIG auslegte, dann hätte ich, sagte meine Mutter, meine erste Lehrerin, bloß ein weiteres Beispiel dafür erbracht, daß die bisher größte, allergrößte Erfindung der Menschheit nicht das Rad, nicht die Rakete oder gar das Schießpulver gewesen sei, sondern die Erfindung der Schrift.

Daß man im Wort *Meer* nicht ertrinken, in das Wort *Abgrund* nicht fallen und im Wort *Packeis* nicht erfrieren konnte, schenkte dem Zauber der Verwandlung von etwas in Sprache etwas seltsam Friedliches, so, als ob man sich mit Büchern und anderen Schriften besser als mit jedem Unverwundbarkeit oder Unsichtbarkeit schenkenden Zauber wappnen und bereit machen konnte, aus dem Inneren von Märchen und Erzählungen hinauszutreten in die donnernde, anrollende Welt und dort zu jagen, zu lieben, Städte zu bauen – oder Krieg zu führen. Denn Worte waren, auch das lernte ich am Porzellanstrand, Worte waren wie die Menschen, die sie aussprachen, schrieben oder lasen – nicht nur gut; sie konnten sein wie Luzifer, der Lichtbringer, der aus dem Himmel in die Finsternis gestürzt und vom Engel zum Satan geworden war.

Je länger ich saß und dabei manchmal die Suppe

doch kalt werden ließ und mit meinem Tagesfang spielte, desto weiter jagten die Grenzen des Reiches der Sprache in alle Himmelsrichtungen davon und ließen, was mit einer Handvoll Buchstaben zu erreichen war, grenzenlos erscheinen. Als ich erfuhr, daß es eine Sprache gab, das Griechische, in der mein eigener Vorname *Christusträger* bedeutete, war ich nicht etwa stolz, sondern besorgt, daß auch dieser Name sich im rasenden Wandel der Bedeutungen wie Luzifers Name in sein Gegenteil wenden und irgendwann *Teufelsträger* heißen und mir ein Höllenwesen mit Glutaugen und hängender Zunge auf die Schultern setzen würde. Aber meine Mutter sagte: Es liegt an dir. Du hast mit einem Löffel voll Buchstaben, dein Leben, die Welt in der Hand.

Als meine erste Lehrerin, kaum sechzigjährig, an einem heißen Augusttag starb, zart und zerbrechlich zwischen riesigen Kissen und gezeichnet von den Qualen und Metastasen einer wütenden Krankheit – und ich an ihrem Bett verzweifelt um Worte rang, mit denen ich eine Brücke zu der schon beinah Entschwundenen schlagen wollte, öffnete sie plötzlich die Augen, hob langsam, zu Tode erschöpft, ihre Hand und legte ihren Zeigefinger wortlos auf ihre weißen Lippen: *Still.* Still. Sei still. Magst ruhig sein. Und beließ, als sie die Augen wieder schloß, dieses Zeichen auf ihrem Mund, als ob sie in einem letzten Traum noch einmal an unseren Porzellanstrand zurückkehren und dort ihren vom Wirbel der Buchstaben betörten Schüler daran erinnern wollte, daß bei aller Kostbarkeit und allem Glanz des

Zaubers der Verwandlung von etwas in Sprache, in Schrift, der ungeheuerliche und unfaßbare, in den Abgründen eines grenzenlosen Raumes verlorene Rest doch – Schweigen war.

Sehr geehrte Damen und Herren,

einige der hier versammelten Ansprachen wurden als Belegstücke zu entsprechenden Zeitungsberichten bereits in verschiedenen Feuilletons abgedruckt, die meisten aber wurden bislang bloß gehört und abseits meiner Festplatten, wenn überhaupt, nur im Gedächtnis der Zuhörer bewahrt. Deswegen ist es wohl auch von größerem Wert, als einige Erscheinungstage von mittlerweile in Archiven oder im Altpapier verschwundenen Zeitungen aufzulisten, hier noch einmal die Tage und Orte zu notieren, an denen ich diese Ansprachen einem größeren oder kleineren Publikum in Theatern, Sälen, Innenhöfen oder Wohnzimmern zu Gehör gebracht habe:

Weinte sonst niemand?, am 10. Februar 2004 in Augsburg
Floßfahrt, am 23. April 2009 in Wien
Verriegelte Orte, luftige Räume, am 19. Juni 2009 in Istanbul
Pontifex, am 12. Februar 2008 in Mailand
Möglicherweise, am 2. Juni 2013 in Neuburg an der Donau
Goldbehaucht, am 30. Januar 2007 in Wien
Das Taschentuch, am 20. November 2009 in Trento

Der Fremde von Doogort, am 16. Dezember 2007 in Köln

Der Sänger, am 12. Oktober 2005 in Frankfurt

Sarah Rotblatt, Schönheitskönigin, am 26. März 2013 in Marrakesch

Als ich noch unsterblich war, am 24. Oktober 2013 in Basel

Christoph Ransmayr wurde 1954 in Wels/Oberösterreich geboren und studierte Philosophie in Wien, wo er nach Jahren in Irland und auf Reisen wieder lebt. Neben seinen Romanen ›Die Schrecken des Eises und der Finsternis‹, ›Die letzte Welt‹, ›Morbus Kitahara‹ und ›Der fliegende Berg‹ sowie dem ›Atlas eines ängstlichen Mannes‹ erschienen bisher zehn Spielformen des Erzählens, darunter ›Damen & Herren unter Wasser‹, ›Geständnisse eines Touristen‹ und ›Der Wolfsjäger‹.
Für seine Bücher, die in mehr als dreißig Sprachen übersetzt wurden, erhielt er zahlreiche literarische Auszeichnungen, unter anderem die nach Friedrich Hölderlin, Franz Kafka und Bert Brecht benannten Literaturpreise, den Premio Mondello und, gemeinsam mit Salman Rushdie, den Prix Aristeion der Europäischen Union. Zu seinem Werk erschien der Band ›Bericht am Feuer‹.